見えないアメリカ

保守とリベラルのあいだ

渡辺将人

講談社現代新書

1949

プロローグ――日常のなかの「政治」を探して

「アメリカ・アト・ホーム」という、大規模家具店のイケア社をスポンサーとした写真撮影の企画が、二〇〇七年にアメリカで話題を呼んだ。全米五〇州の一般の人々の生活をアマチュアのカメラマンが、家のなかに入り込んで撮影する。人が寝ている顔、遊んでいる瞬間。ところ構わず撮影する。「どのように私たちは生活しているかを接写する」というサブタイトルで、集められたスナップは写真集として翌年発売された。

ニュースにならない普通の家庭の素顔は、アマチュアのなにげないスナップのなかにこそ写し出される。二五万枚のなかから二五〇枚に厳選された写真。その魅力は、五〇州すべての老若男女、それもありとあらゆる経済階級、人種、エスニック集団まで、美化せず貶《おとし》めず、包み隠さずアメリカ人の今をどこまで淡々と描けるか、極限まで挑戦したことである。

ミシシッピ川で、二三年間も水上生活を続けているというミネソタ州ウィノナの自称アーティストがいれば、ニューヨーク州サウスブロンクスのモスクの前でメッカの方向を向いて地べたに頭をこすりつけて祈りを捧げる、黒人とプエルトリコ系のムスリムがいる。

自宅の温水プールではしゃぐアイダホ州の五人兄弟もいれば、水道管がないトレーラーの家に六人の子供を抱えて暮らすテキサス州のヒスパニック系一家は、近所からホースをひっぱって水を拝借している。ニューヨーク州ペンヤンで馬車を手入れする、自動車に乗らない生活を営むキリスト教メノナイト派の少年。そしてハリケーン・カトリーナで家を失ったルイジアナ州とミシシッピ州のヒスパニック系と黒人の子供たちの暮らし。二五〇枚の写真に写り込んだあまりに「多様」なアメリカの姿は、強烈なイメージの連続である。

「外国」については、論じる人の数だけ多様なイメージがある。アメリカについても例外ではない。おびただしい数の観光客が渡米し、駐在や留学も珍しいことではない現在、大なり小なり「私のなかでのアメリカ」があるものだ。

しかし、短期にせよ長期にせよ「在米経験」には、「視界」が限定的なことを忘れさせる副作用もある。ある意味、アメリカほど「身近」な国もないかもしれない。しかし、私を含め日本人の多くが接点を持つ「アメリカ」が、観光地、ビジネスの場、大学のキャンパスなどに限られがちであることもまた事実だ。外国人を受け入れるホストファミリーや、日本の駐在員が多く住む町で子女が通う現地校の空間も、アメリカ全体からすればばかなり限られた州や地域の文化的な影響と無縁ではない。

オーストラリア人のF・マクドーガル監督が現代アメリカを茶化したコメディ映画に、学生チアリーダーによる銀行強盗という陳腐な設定の『クライムチアーズ（原題シュガー&スパイス）』（二〇〇一年）という作品がある。いかにも「典型的」な平凡なアメリカのスモール・タウン像のなかに、あえてそうした小さな環境には在りそうもない「多様性」を、経済階級や宗教をモチーフに詰め込んでいるところが面白い。

母親が受刑者で祖父母に育てられる子、ハーヴァードに進学する裕福な子、クリスチャン・キャンプに参加する福音派キリスト教徒の子（妊娠した友人に「殺人者にならないで」と中絶をしないよう訴える）、銃器を自宅の敷地内で製造している親子――。地元の工場労働者が昼間から安ビールを飲んだくれているのも、外国人監督なりのアメリカの労働組合への風刺のご愛嬌である。

だが、現実にはこうした「多様性」に一度に触れる生活などきわめて稀だ。どうやって私たちはアメリカを咀嚼《そしゃく》していけばいいのだろうか。「政治」に少しだけ目を向けてみたい。もちろん、アメリカの選挙の投票率はけっして高くない。たかが五〇%前後。アメリカ人がみな政治に高邁な理想をもっているわけでも、世界のすべての国がモデルとして見習うべき民主主義の唯一の理想というわけでもない。むしろ制度的には部分的に「欠陥」

と思えるようなものもみられる。
しかしここで注目したいのは、ほとんどのアメリカ人がなんらかの形できわめて「政治的」ではあることだ。投票に行かない人でも「政治的」とはどういうことなのか。この伝統は日常の「暮らし」のなかに埋め込まれた「政治性」に起因するところが少なくない。

私のばあい、こうしたことに気づかされたのはアメリカ生活そのものを通してでも、あるいは文献を通してでもなく、選挙をはじめとしたアメリカとの政治的かかわりを通してであった。選挙は普段は見えないアメリカ人の「多様性」が一挙に噴出するきわめて特殊な機会である。

二〇〇〇年に当時まだ大統領夫人だったヒラリー・クリントンの上院選本部（大統領選のアル・ゴア陣営の支部を兼ねていた）に下院議員の事務所から送り出されたとき、配属されたのは「アウトリーチ」という聞き慣れない部署だった。ここでは、選挙民を「政治アイデンティティ」ごとに分類し、集票戦略を練るのが仕事だ。アジア系、アイルランド系などのエスニシティ分類を筆頭に、信仰、退役軍人、同性愛者、高齢者、環境団体など「属性」別に細分化する。

私は本部に詰め、エスニック・メディア向けの「スピン操作」という報道誘導と広告戦略の立案に携わり、英語のできない新移民向けには多言語翻訳も積極的に行った。近年、アメリカの政党はマーケティング戦略を応用し、消費の嗜好にも分類の手を伸ばしているが、伝統的な選挙民の分類はあくまで、エスニシティ、信仰、思想属性などが土台となる。

政治や選挙を見るうえで、政治家や候補者が大切なのはいうまでもない。しかし、背後にはかならず「支持層」が存在し、そしてかなりの場合「支持層」の意向を政治家や候補者はそのまま反映する。あるいは反映させるなにがしかのポーズをとる。この政治家と「支持層」の接点が、メディア報道から隔絶されがちなアメリカ理解のひとつの死角でもある。

「政治アイデンティティ」は日常では表面化しない。職場の同僚や知り合ってまもない友人程度の浅い付き合いでこうした領域に踏み入ることもない。しかし、投票には間違いなく「政治アイデンティティ」が投影される。「政治アイデンティティなど持っていない」という主張もこれまた政治アイデンティティの一つであるところに面白さがある。また、それは単一のカテゴリーに収斂《しゅうれん》されるわけでもない。「リベラルでも保守でもない」という人もいる。その場合は逆に「なぜそうなのか」にアイデンティティが隠されているし、ユダヤ系にもあえて「ユダヤ系」という分類を好まない人もいる。問題は彼らのアイデンティティがどのような混ざり具合でどこに立脚しているかである。黒人であることにアイデンティティの基軸を置く人もいれば、日系であることよりもフェミニストであることに基軸を置く人もいる。政党を支持する理由も帰属の度合いも人それぞれである。

特定のエスニシティや宗派だけで単一にアメリカ人の「政治観」を色分けすることはできない。しかし、信仰や思想はプライバシーだから、といって「アメリカ人」という以上の背景に考察を及ぼさない姿勢も、等身大のアメリカ理解に見えない壁を築いてきた一因である。ハロラン芙美子は次のように述べている。

アメリカ人の表面の生活を見てもその宗教性がほとんど見えない。多くのアメリカ人自身が認めるが、日常の会話で宗教のことがほとんど口にされないのは、心の中がいくつもの仕切りに分かれ、宗教はその一つに用心深くしまいこまれているからである。誰かがその仕切りを開ける意図を持って質問しないかぎりは、その扉は閉じられている。（『アメリカ精神の源』中公新書）

ここでハロランは宗教に限定して述べているが、これはほかのすべてのアイデンティティにもあてはまる。エスニック意識、性的指向やジェンダー意識の有無、地域性の伝統。

そして、脱人種、脱エスニシティの「カウンター」の意識。

ふだんは見えないアメリカ人のなかにある扉を、もう一つ二つ開くことができれば、私たちはすこし違ったアメリカ理解に到達できるとおもう。本書では、アメリカ人の日常の政治の先に「見えないアメリカ」をさがしていきたい。

目次

第1章　「保守」と「リベラル」

政治的に描き直されたイエス・キリストを発表する「宗教右派」の牧師。星条旗姿のキリストの手には銃、腕には「減税」の入れ墨。背後に安売り量販店と「富める者はますます富む」の横断幕。保守をめぐるステレオタイプの典型（David Horsey, 2004）

「保守」と「リベラル」

アメリカでひんぱんに使われる言葉に、「保守」(Conservative) と「リベラル」(Liberal) という言葉がある。メディアのなかだけでなく、日常生活でもある程度親しい間柄の込み入った会話になれば、かならず触れる。もちろん深く気にせず、なんとなくやりすごすこともできる。しかし、忘れたころにまた眼前にあらわれる。人と会っても、テレビをつけても、やれ保守だのリベラルだのとうるさい。どうもアメリカでは保守とリベラルという言葉は、ひんぱんに消費されるだけでなく、無視したままでおくことができない、やっかいな言葉なようだ。アメリカと向き合うなら、この二つの言葉からは逃げられないのである。

では、なにをもって「保守」、なにをもって「リベラル」というのだろうか。

一般に、共和党が保守で、民主党がリベラルだという。それもひとつの大切な分類法だ。しかし、二つしか大きな政党がないアメリカでは、共和党のなかのリベラルな人もいれば、民主党のなかの保守派もいる。

実際のところ、共和党が保守政党に、民主党がリベラル政党におおまかに仕分けされてきたのはここ二、三十年のことで、歴史的にはかならずしも「保守」であることと「リベラル」であることが、そのまま共和党員と民主党員であることとイコールではなかった。こんにちでも例外はある。

さて、すると話がややこしくなってくる。共和党という政党、民主党という政党を理解することと、保守とリベラルを理解することは歴史的には重なる部分もあって、重ならない部分もある。重ならない部分を無視したまま、新聞を読んだり、会話したりして、共和党という単語を保守、民主党という単語をリベラルとおきかえて理解していては、その場ではなんとなくわかった気になっても、いつか大きな誤解の溝がうまれるかもしれない。

保守であるかリベラルであるかは、アメリカ人にとって、いわば「生き様」のような問題であり、支持政党という意味以上に、嗜好や愛着の類に属する「文化」だからだ。

スターバックス好きはリベラル？

アメリカでは、リベラルな人の生活の嗜好と、保守的な人のそれとは大きく異なるといわれる。たとえば、「スターバックス・ピープル」とか「クアーズビール・ピープル」という呼び方がある。日本の消費者の感覚からすると意外かもしれないが、スターバックス・コーヒーはアメリカではリベラル系の人が好む飲み物の象徴である。少なくとも政治的理解のなかでは、そういうことになっている。

それはスターバックス社が、民主党に多額の献金を行ってきた企業だという事実だけを指しているわけではない。リベラル系の人々が多く住む、西海岸のシアトルやサンフランシスコ、あるいはボストン、ニューヨークなどの東海岸の大都市の「世俗派」の人たちのライフスタイルを体現した、消費の「文化記号」としての意味においてである。デリカテッセンの二ドルのコーヒーよりはるかに割高の「ラテ」や「モカ」をすすりながら、「ニューヨーク・タイムズ」のページをめくるようなライフスタイルのことだ。「チャイラテ」などという東洋的響きのする飲み物は、非アメリカ的な異様な飲み物とされるどころか、むしろスターバックス・ファンにとっては、エキゾチックさ溢れるお洒落なものと理解される。

アメリカにも安いコーヒーはある。マンハッタンにある二四時間営業のデリカテッセンでは、一ドルや二ドルでコーヒーが買える。マクドナルドのようなファーストフードも同様だ。しかし、スターバックスが好きな人はデリカテッセンには見向きもしない。長蛇の列にも文句ひとつこぼさず、割高のコーヒーをもとめる。そこで消費しようとしているのは、こざっぱりした緑のエプロンの店員とマグカップをウッドの棚に「展示」した空間が提供してくれる、お洒落な「経験」である。

「経験」を売るスターバックスは、コーヒー屋なのにコーヒーと関係のない音楽CDや小説まで店内に並べている。コーヒーを買うだけのために、こういう店に行って、デリカテッセンの数倍もする値段を払うのはアメリカでは二種類の人々しかいない。コーヒーにいくらかけても痛くも痒くもない経済的に富裕な階層か、新聞やペーパーバックを粋な照明の空間で読みたいと思うような、雰囲気を大切にする知的な階層の人たちである。これが、スターバックス好きはリベラル派だ、という紋切り型の理解につながった。

クアーズビール・ピープル

一方、保守的な人が好むということになっている「クアーズビール」は、ケバケバしいネオンやアメリカンフットボールのテレビ中継が流れるバーやダイナーで、フライドチキンやチップスをかじりながら飲むものである。ハイネケンでもギネスでもなく、アメリカ製のクアーズであることに意味がある。アメリカ製で値段が安ければ、ミラーやバドワイザーでもいいかもしれない。

一九八〇年代初頭のバドワイザーの広告にこういうものがあった。どこかの森のなかで、チェーンソーで大木と格闘している林業のブルーカラー労働者数人が休憩している。みんな揃ってジーンズにチェックのネルシャツ。サスペンダー付きの吊りズボン姿でひげをはやしている。ツバつきの帽子に見えるのは作業ヘルメットだ。コピーはこうだった。

「大きなものを切り倒す仕事をしている男にはバドワイザーだ！」

ビールはアメリカでは、仕事帰りのブルーカラー労働者と、キャンパスで週末にはしゃぐ学生の飲み物である。ある程度富裕な層やホワイトカラーのプロフェッショナル層の飲み物ではないという建前がある。だから、ビールの広告ではかならず、ハーレーダビッドソンに乗っているようなオートバイ野郎で腕にタトゥーを入れている革ジャン姿の「荒くれ者」か、力仕事をしているひげ面で吊りズボンの男たちが出演する。あるいは、水着姿の女性たちというセクシャルなイメージにうったえる。完全に男性社会、それも白人男性向けの商品イメージである。

スターバックスの例とおなじように、職場の忘年会から日頃の食卓までわけへだてなくビールを愛している日本からすると、ずいぶんと窮屈で不思議な分類にきこえるかもしれない。もちろん、こうした分類は、それらを消費する一定の社会的な階層の「設定」から派生した比喩にすぎない。当然ながら、飲み物の味や調味料が、政治や政党の思想と関係があるわけでもない。

しかし、スターバックスがリベラル系で、クアーズビールが保守的なアメリカ人の飲み物、という強引な比喩は、おおまかにいって当たっていると真剣に考えられている。現に、アメリカの選挙陣営は、スターバックスとクアーズビールの消費データを、支持政党の割り出しに使用しているからだ。この分類はただのジョークではない。

モーの保守化実験生活

リベラルな人が保守的な生活の嗜好を持つことはまったくないのだろうか。消費活動と政治思想は、そこまで密接にリンクしているものなのか。消費の嗜好が、政治思想を変えることはないのだろうか。自らを実験材料に試してしまったアメリカ人がいる。ナショナル・パブリック・ラジオ（NPR）に出演している、ジャーナリストのジョン・モーである。

モーは筋金入りの「リベラル」派を自認する民主党支持者。ノルウェー系の白人で、ワシントン州シアトル在住だ。夫人もリベラル。息子はわずか四歳にして、環境団体のシエラ・クラブにすでに入会。動物保護のための寄付をしている。

こんなリベラル一家の大黒柱であるモーは、リベラルな街だとされるシアトルを離れ、保守的な州に移動し、保守文化に囲まれた生活をしてみる。そうすることで、自分も「保守」に転向できるかどうか、自分自身を対象に「実験生活」を試みたのである。モーガン・スパーロック監督がファーストフードばかり三〇日間食べ続け、体調への影響を調べようとした人体実験映画『スーパーサイズ・ミー』（二〇〇四年）の政治版のようなこの

「実験」を、モーは『コンサーバタイズ・ミー（自分を保守化せよ）』実験と呼んだ。スパーロックが映画にしたように、モーはそれを同名の書籍にまとめた。

モーは実験生活のルールを決める。偽名を使わずに、周囲に実験のことを正直に伝えて生活する。ニュースは保守メディアからのみ摂取する。リベラル派の友人との政治的会話は禁止。政治的にリベラルな話題になったら耳を塞ぐ。保守系に愛される音楽のみ聴く。保守系映画を鑑賞。議論をせず相手の意見をただ拝聴する。クアーズビールを飲む。常にステーキとビーフジャーキーを食べ続ける。三〇日間この生活を行う。

なぜこれが「保守生活」なのか。少し説明がいりそうである。

保守メディアというのは次のようなものだ。FOXニュース、保守系トークラジオ、「ウォールストリート・ジャーナル」の社説、『ナショナル・レビュー』『ウィークリー・スタンダード』『ニューズ・マックス』の各誌、「ワシントン・タイムズ」。新聞各紙のなかでは保守的だといわれる「ウォールストリート・ジャーナル」であるが、記事そのものはバランスがとれていて、「保守化実験」向けには社説しか役立たないという。つまり、「保守化実験」に必要なのは、保守系メディアから流れるニュースではなく、保守論壇のオピニオンの摂取である。

次に保守系音楽であるが、共和党大統領の就任式に招待された実績があるアーティストから、カントリー音楽のスターを中心にセレクトしている。チャーリー・ダニエルズ・バンド、クリント・ブラックのほか、退役軍人のクレイグ・モーガン、敬虔なクリスチャンのマイケル・スミス、W・ブッシュ大統領の双子の娘もファンだというキッド・ロックなど。iPodのなかを保守系音楽に入れ替え、実験中たえず聴き続ける。保守映画というのは、共和党系の「フリー・リパブリカン・ドットコム」に推奨されているものだ。『インデペンデンス・デイ』(一九九六年)『ロード・オブ・ザ・リング』(二〇〇一年)など、善と悪が明快にわかれているものに勧善懲悪の保守系好みの要素があるとしている。

食事はリベラル系に多いベジタリアンと対照的に、肉食を旨としてステーキとビーフジャーキーを基本とする。たしかに、中西部や南部の保守的な小都市などに行くと、朝からアイホップ、アップルビーといった大衆レストランで、ステーキを食べることは不思議な光景ではない。私も共和党の州支部の関係者との朝食会では、朝から肉料理に挑戦させられたことは一度や二度ではない。また、都市部のリベラル系が不健康なジャンクフードと決めつけて軽蔑するファーストフード店が、保守的な中規模の地方都市では「レストラン」として扱われていて、車でやってきた家族連れが「食事」をして帰る姿も日常的だったりする。

モーの「実験」が面白いのは、なんでも形から入ろうとすることである。服装にもこの概念を無理矢理あてはめる。普段身につけているボタンダウンにカーキ色のチノクロスのパンツのスタイルは、「リベラル」の典型的ファッションだと考えるモーは、ウォルマートやターゲットという「労働保守層」向けの量販店に出向く。都市部のリベラル派のモーは、こうした量販店で買い物をすることがほとんどない。星条旗がおなかにはためくTシャツに着替え、NASCARというストックカーレースのロゴの入った野球帽をかぶる。「ナスカー」とはアメリカの中西部や南部で開催されるレーシングカー競技のことだが、これを観戦するひとたちの八割以上が保守系で共和党支持者だとされている。そのロゴが入った帽子など、シアトルに住むモーの周囲ではもちろん見かけない。

二〇〇四年の大統領選挙で、じつに有権者の九二%が、W・ブッシュ大統領の再選を支持した地域がある。アイダホ州のマディソン郡だ。ここがアメリカで一番保守的な場所に違いないと思ったモーは、マディソン郡のレックスバーグという町で、一年のうちアメリカでもっとも愛国的イベントである独立記念日を過ごす。

また、アメリカ有数の保守的な富裕層の住むカリフォルニア州オレンジ郡にも滞在。ニクソンとレーガンの両大統領記念図書館に通い、保守の伝統を「学習」する。さらには、カウボーイたちの生活を学ぶために、地域で開催されるロデオ大会を観賞。BBガンというおもちゃの空気銃ぐらいしかさわったこともないのに、保守的な銃愛好家になれるように実弾の銃の試射に挑戦する。まさに文字通り、生涯はじめての三〇日間の缶詰的な保守生活である。

テキサスの「カウボーイ」

もちろん、地域による文化的な差異は、事前にどの程度の思い込みや知識をもっているか、主観にかなり左右される。モーが「実験」で「保守生活」と決めているルールは、すべてリベラル派の思い込みによる「保守」の類型にすぎない。文化的特徴論は、例外だらけで意味がないという指摘もある。誇張が大きすぎるという批判だ。

その一方でこんな実話もある。テキサスのサンアントニオで開かれたある学会に参加して「ほんとうにカウボーイハットをかぶった人があんなにたくさん歩いているなんて驚いた」と語った、マンハッタン在住のアメリカ人研究者がいる。これまでほとんどニューヨーク市から出たことがないこの若いアメリカ人は、テキサスや中西部のアメリカ人が、現代でもカウボーイのような格好をしているというのは、きっとなにかのジョークに違いないとそれまで思っていたというのである。

あるいは、二〇〇一年一月、W・ブッシュ大統領の一期目の就任式の日、首都ワシントンがカウボーイハットのひとたちで溢れたことがある。小雨の降る寒い日だった。テキサスから就任式のお祝いに駆けつけた支持者たちは、ひらひらのついたブーツにカーキ色のカウボーイハットでワシントンの地下鉄に乗り込み、意気揚々と首都観光してまわった。それは民主党支持者にとっては、テキサスから来た大統領がワシントンの新しい住人になったことを象徴する屈辱的な光景でもあり、南部や中西部に住んだことがない人には純粋に異様なファッションに映り、私のような外国人にとってはとても興味深く見えた数日だった。

しかし、これをもってテキサスの共和党支持者がすべてそのような格好をしていると決めつけることは当然できない。彼らの少なからずは、テキサスから大統領を送り込んだことを首都で祝い、強調するために、あえてそのような格好をした側面もあったからだ。

『フルハウス』や『フレンズ』に秘められた政治性

政治映画というジャンルがある。オリバー・ストーン監督の一連の作品『ニクソン』（一九九五年）『ＪＦＫ』（一九九一年）のほか、マイケル・ムーアの風刺シリーズも有名だ。またアメリカのアクション映画で一定の商業的需要がある分野に「軍事」や「スパイ」を扱った作品群もある。トム・クランシー原作の映画化作品など代表例だろう。しかし、アメリカの映画やドラマに込められた「政治性」の面白さは、こうしたわかりやすい「政治映画」ではなく、一見して政治とまるで無関係な、コメディやラブロマンスなどの一般娯楽作品のなかに秘められている。

たとえばアメリカには、観客の笑い声を意図的に入れた、舞台喜劇のテレビ版のようなシチュエーション・コメディというジャンルがある。そのなかのひとつに、一九八〇年代末からシーズンを重ねた『フルハウス』という長寿番組があった。日本でもNHKで吹き替え放送されたので、馴染みがある人も多いだろう。男手一つで娘三人を育てるという父子家庭の家に、友人のジョーイと義理の兄弟のジェシーおじさんが住みこむ、という心温まる喜劇だ。

しかし、父親のダニー役のボブ・サゲットは、番組について次のようなトゲのあるジョークを飛ばしたことがある。

「自分が演じたダニー役はゲイなのだろうとずっと思っていた。サンフランシスコに男三人と一緒に住んで、デートもろくにしないのだから」

もちろん、ダニー役は同性愛者の設定ではない。しかし、サゲットのこのようなジョークがアメリカ人をおおいに喜ばす背景に、『フルハウス』のアメリカ社会での認識のされ方が隠されているのも事実である。

それは『フルハウス』の舞台設定がサンフランシスコであることに、なにより起因する。いい年をした男三人が一つ屋根の下、幼い女の子三人を一緒に育てる。これはどうみても保守的な伝統的家庭の形態への挑戦といっていい型破りなものであった。ここでサンフランシスコは「同性愛者の街」「性革命」のシンボルとしての暗喩をもたされている。

一九九〇年代半ばから放送された『フレンズ』も政治的な挑発に満ちていた。六人の若者のマンハッタン生活を描いた群像劇である。再放送もふくめて番組の人気が絶頂だった一九九八年、アメリカのテレビ広告界で大スポンサーとして影響をふるっていたジョンソン&ジョンソン社の広告担当副社長アンドレア・アルストラップが、ニューヨーク女性広告会議の基調講演で次のような批判を展開した。

「未婚の若い女性が、義理の妹が妊娠できないからといって、弟の子どもを代理母として出産するエピソードがある」

問題になったキャラクターは、リサ・クドロー演じるフィービーのことで、異母兄弟の代理母として妊娠するストーリーが盛り込まれていた。フィービーは保守的な性道徳にとらわれない、リベラルな一九九〇年代版ヒッピーという設定だった。保守的な視聴者に気をつかったスポンサーは、地上波の夜八時台に流すものではないと論争を巻き起こした。

しかし、保守派の批判をかわしながら、NBC放送は打ち切りや大幅な台本の書き換えには応じなかった。高視聴率に加えてうしろ盾になっていたのは「どうせマンハッタンのジェネレーションXの話ですから」という口実だった。マンハッタンのアパートで暮らす一九六〇年代後半生まれのリベラルな若者たちというメタファーが、番組を結果的に保守派の攻撃から守った。たしかに、敬虔なキリスト教徒や農村の保守的な一家のくらしを茶化しているわけではない。あくまで「マンハッタンの価値観」に限定されたコメディだ。

前妻がレズビアンだったロスは、妹モニカともどもユダヤ系という設定であるが、性的にも奔放である。イタリア系のジョーイの祖母には、英語で会話できないイタリア系ゲットー出身の南欧移民一世のステレオタイプがあてはめられている。ジョーイのルームメイトの男性友人役のチャンドラーは、父親がゲイという設定。一九九〇年代のアメリカの「リベラル」の生活の一端を、同性愛や自由な性をめぐって、どこまで大げさに描けるかが狙いの一つだった。

フレンズ批判を扱うメディア批評誌
(*Brill's Content*, Mar. 2001)

だからこそ『フレンズ』は、マンハッタンが舞台でなければならなかった。神経質なユダヤ系研究者と、お気楽なイタリア系の売れない役者という、強引なエスニック対比も、この街が舞台なら差別的にみえない。

映像の世界よりもよほど現実のほうが多様性に富んでいるマンハッタンは、パロディの対象の宝庫だ。一九八四年に大ヒットしたビル・マーレー主演の映画『ゴーストバスターズ』は、アイバン・ライトマン監督が述べているように、ボストンやサンフランシスコを舞台にしても意味がなかった。ニューヨークのローカル色をコメディ化することを意図した、「ニューヨーク映画」として製作された。

ユダヤ教のラビ（宗教的指導者）とカトリックの神父が、隣でお互いのことを気にもせず、誰も聴いていない祈りを延々と捧げるシーンがある。こうしたニューヨーク的な「異種スクラップ」をこの映画ではこれでもかと誇張して描く。三〇センチ向こうの高層アパートの隣人とすらコミュニケーションがない「個が分断された多様性」の街なのに、なにかお祭りごとがあるときだけ「おれたちニューヨーカー」という意識で結束したがる。お祭りごととはこのコメディ映画では「幽霊退治」のことである。核物質を違法に用いた機材をつかう「幽霊退治」も、タブロイド・メディアと住人が、自分たちで騒ぎを生産して消費する「祭り」のサイクルとしてしか描かれていない。ニューヨークだからだ。

「現実」に即した色分け

アメリカの映画や小説に用いられるこうした文化的な暗喩は、たしかにパロディでしかないが、パロディとして成立するには、一定の「現実」が必ず前提として存在しなければならない。サンフランシスコが「同性愛者の街」であることも、伝統的核家族とは異なる、未婚の母など「新しい家庭」の存在を自然に受けいれるコミュニティの特質も、決してコメディのなかだけの誇張ではないからだ。

つまり、文化特性を、誇張されたジョークだとして無視するのも、例外なきものであると信じて単色に塗りつぶすのも、いずれも過度な単純化であり、実態はその中間に位置している。

先のモーの「実験」は、次のことを明らかにした。第一に、政治性の異なる集団が明らかにアメリカには存在し、地域によって特に差異が著しいこと。そして第二に、同じ保守、リベラルでも、個人や小集団によって、保守やリベラルであることの意味や価値がかならずしも単一ではなく、むしろ微妙にずれているという「二重性」である。

アメリカの選挙の現場では、政治性の地域差を自明のものとして扱う。政治的傾向の「マップ作り」と随時の更新が、選挙区対策の基礎的な活動である。雑駁ないいかたをすれば、どの地域が「スターバックスのひとたち」で、どの地域が「クアーズビールのひとたち」かを把握することから始まり、さまざまな細分化を加えていく。

まず大胆な単純化で、地域、人種、ジェンダーなどの特性によって、選挙区や選挙民を

「仕分け」る。そして、実践段階のなかで「例外」をそのつど細かく修正していくという手順をとる。すべての共和党支持層がクアーズビールを飲むと思い込んでいるわけでは毛頭ない。しかし、クアーズビールを飲むようなダイナーやバーがある州の地域を、まず共和党が強い地域だろうと予測して色分けしていくこと自体は、現実に即していることが多い。

個別の例外をはじめから気にして分類そのものを拒むと、現存する傾向がなにも見えなくなってしまい、結果として統合的な理解にも到達しないからだ。スターバックスとクアーズビールの分類法は、私たち外国人がアメリカを理解する上でもひとつの参考になると思われる。

「アカデミック」保守の空間

モーの政治思想をめぐる「人体実験」を馬鹿にできないのは、私自身も一〇年以上にわたってモーと同じ「実験」をやっているようなものだからである。アメリカ人であり「リベラル」であるモーが「保守」に身を浸してきたように、外国人でありアメリカの民主党員でも共和党員でもない私は、アメリカの「リベラル」と「保守」の渦中にそれぞれ身を浸してきた。ユダヤ系のリベラル派女性議員の事務所に身を置き、民主党の上院選と大統領選でアジア系の集票を担当するという実務経験は、見方によっては「リベラル」の渦中でそれを受け入れ、適合していくことだった。

また、抽象的なレベルでの最初の「実験」は、保守思想のなかにとけ込んでいくことだった。一九九〇年代の後半に私が学んだシカゴ大学の国際関係論課程は、理論重視のスクールだった。

私はここでアメリカの知識層の非常に極端なスペクトラムの周辺に組み込まれることになった。国際政治理論におけるリアリストと新古典派経済学の価格理論をもつ研究者が主流で、「ネオコン」と呼ばれる新保守主義者も少数ながら存在した。「保守」は「知」の世界として存在しているものにみえた。

核配備による抑止の勢力均衡で国益追求をめざすジョン・ミアシャイマーのリアリズム(現実主義)理論を激烈に信奉する、クリスティンという女性が同期にいた。リアリズムは対抗勢力の「封じ込め」により最小限のコストで国の安全を守ろうとする。ミアシャイマーはニクソン政権のキッシンジャーを高く評価していた。学期がはじまったばかりの秋、今はなきシカゴ南部五五丁目のバー「ジミーズ」にて、クリスティンは「ニューク(核弾頭)」という名誉あるニックネームを私たちから授けられた。「サンフランシスコ育ちなのに核兵器が大好きな娘」とも呼ばれた。おなじくリアリストのステファン・ウォルト教授にも信奉者がいた。ウォルトのハーヴァード大学移籍前、シカゴで受け持つ最後の学生だった私たちはハーヴァード転出をおもいとどまらせる嘆願の運動を行った。

リアリスト対それ以外

ゼミの全員が、クリスティンのような「ニューク」だったわけではない。シカゴ卒業後、イェール大学ロースクールを経て、首都ワシントンで弁護士になったキャロリンは、シカゴでは少数派の「人権グループ」の一員だった。ある日、リアリスト系の教授に論破され、悔しさのあまりトイレで一人泣いていたことがあった。それはシカゴでの「力関係」を物語っていた。

シカゴでの議論は主に、キッシンジャー流の非介入主義をとるリアリストと「それ以外」で展開された。アフリカやユーゴの内戦への人道介入を訴える「リベラル」と、「保守」的なリアリストとの論争では、「新保守」であるはずのネオコンの研究者は介入論者に区分され、「リベラル」のはずの人道主義者と共闘で派兵のコストにこだわるリアリストと対峙し、アメリカの介入の必要性を訴えた。「ネオコン」の定義は一様ではないが、一九六〇年代から反共を旗印に、道義性を重視する頭脳集団として頭角をあらわした。「冷戦リベラル」ともいうように、第一世代はトロツキスト左派からの転向者が多かった。

そのため、このシカゴでの共闘は「先祖返り」と呼ばれていた。

ワシントンでのちに「ネオコン」系のシンクタンクに就職した仲間には、私たちのあいだで違和感なく「リベラル」だと思われていた人が少なくない。また共和党支持といっても、外交にしか興味がない人が多いのも特色だった。

シカゴでは、道義性には重きをおかないリアリストがあまりに強く、軍事力による民主化であろうが人権擁護のためだろうが、理由はなんであれ「介入」は「リベラル」とみなされ、「ネオコン」は介入グループ内での手段別サブカテゴリーに還元された。イラク戦争に反対したリアリストのミアシャイマーは、「死活的国益がない」という一点で、当時もコソボ介入に反対の論陣を張っていた。院生もリアリスト派と「それ以外」の派にわかれて、連日共通メール上で激しい論戦をくりひろげた。

つまり、ここでみえてくるのは、議論の場における力関係と、どういう価値をめぐる「賛否」かで、ポジションの評価が変容を受ける傾向だ。「保守」と「リベラル」の意味も微妙な影響を被る。「ネオコン」勢力の強かったW・ブッシュ政権一期目では、「非介入」は穏健派であろうとリアリストであろうと、テロの脅威を未然にふせぐ努力を放棄することにほかならないとみなされることもあった。九・一一の同時多発テロが支配的「価値」を変えたからだ。

さらに複雑なことに、国際政治理論におけるリアリズムの国益は狭く定義されがちなので、ときに孤立主義とおなじ結論にむすびつく。また、平和主義とも一致する。もちろん、反核を訴える平和主義はリアリズムの核抑止容認にはくみし得ない。「核の是非」を問うなら両者は相容れない。しかし、こと「介入の是非」を問う上では同グループだった。「リベラル」な平和主義者は東欧の民族浄化を見過ごすのか、と「リベラル」な人道介入論者に非難されていた。

「リベラル」な教授のクラスがそのまま「リベラル」だけで成立することもシカゴではあり得なかった。ブルース・カミングスらニューレフト史家による博士課程の講座は、むしろシカゴ仕込みのリアリストの若手研究者を迎え、保守の視点からニューレフトをながめ、一緒におたがいの矛盾点を確認しあおうという相互作用の場でもあった。ニューレフト内部で完結する学説をくりかえすだけでは成立せず、ほかの理論をもつ研究者をどう説得するかということに必然的に比重が置かれた。

社会問題での保守思想と介入主義が分裂的にむすびついてもいた。シカゴ卒業後、ランド研究所を経て、ブラウン大学で博士号を取得したエド・ゴメズは、外交専門の知識層には珍しい宗教保守派だった。ともにシカゴからワシントンに引っ越したことから、聖書を土台に政治や外交を深く語りあうようになった。人工妊娠中絶に反対するエドは、民主党リベラル派へのアレルギーが強かった。W・ブッシュを敬虔な宗教性で支持していたが、途上国の信仰の自由などの問題にもきわめて関心が高かった。ヒスパニック系のエドは、プロテスタントではなくカトリックの保守である。アパートによくピザを食べに遊びにきては「結婚するまでヴァージニティを守る決意だ。ガールフレンドをつくることは今はやめたほうがいいと思っている」と、過剰にも思える決意を語っていた。厳格なカトリックとして、婚前交渉をみずから禁じていたからだ。

ワシントン――政策をめぐる二項対立の空間

こうした「シカゴ空間」がきわめて「異質」なものであったことは、首都ワシントンで思い知らされた。シカゴでの研究を終えたのち、私が就労許可を取得して民主党の下院事務所に籍をおくことになったのはクリントン政権末期だった。

ワシントンにいるシンクタンクの研究員や議会スタッフたちは、行政学大学院やロースクールなど実務家養成スクール出身で、哲学的な議論を抽象的に弄《もてあそ》ぶことを否定するものが多かった。アカデミックなリアリズム理論も、共和党内の穏健派や実務系のリアリストにそのまま適用されているわけではなく、両者のあいだには深い溝もあった

私は議員や首席補佐官の代理で出席した公聴会や国務省などとの折衝会議の報告書を、

アメリカでいうメモランダムという形式にまとめて議員に提出しなくてはならなかった。「論文みたいで報告が長い」と叱られ、書き直しをよく命じられた。議員にせっかく書いたメモを上げてもらえないときには、議員に直接手渡しもした。

また、お前は「保守」なのか「リベラル」なのかと、常に選択を迫られた。「そんな保守的なスクールに行っていて、どうしてリベラルになれるのか。よくよく自分が保守なのかリベラルなのか考え直せ。外国人だからといって逃がさないぞ」と冗談まじりによく詰め寄られた。総じてシカゴが保守的なスクールであるという自意識が、私には正直あまりなかった。

哲学的に保守派の理論、あるいはニューレフトの学説を究めることに親しんでいた私にとって、人工妊娠中絶から不法移民への態度まで、徹底した党派政治のラベリング的な二元論は窮屈にも感じた。民主党の事務所にいるというだけで、共和党の友達ができにくくなり、シカゴにいたというだけで民主党の関係者に前述のようなことをぶつぶつ言われる。外国人だからどちらでもありませんという言い訳は、深くかかわっている以上許されなかった。

しかし、哲学的な論争が政策論争になっただけで、「知」が保守とリベラルの分け目を支配していることでは、シカゴ空間もワシントンもおなじだった。ときに性急な二元論的ラベル貼りを好む傾向をのぞいては、ワシントンの住人たちも「アカデミック」の延長上にいる、まぎれもない理念的な保守でありリベラルだった。

ベビーブーマー世代の民主党議員事務所のスタッフには、カウンターカルチャーからそのままタイムスリップして、人権と平和のために働いているような人もいるし、若い頃になにかに幻滅して「転向」した人もいる。保守だったのにリベラルになる人はきわめて少ないが、リベラルに幻滅して保守になった人はとても多い。彼らがなぜその理念に到達してワシントンにいるのか、政治をめぐる半生をきかせてもらうことは、ひそかな楽しみでもあった。

共和党政権に違和感をもつ「保守」

そもそも、アメリカ人の保守とはなにか、リベラルとはなにか。モーはこの問いを「実験生活」でもとめながら、ある根源的な現実にいき当たる。それは、アカデミックに保守やリベラルを理念的に「志向」するひとたちと、土着の生活のなかで保守やリベラルを「実践」しているひとたちが別々に存在するということだった。

モーは、保守を「アカデミック」保守と「労働者」保守というグループにわける。アカデミック保守とは「保守なのにカントリー音楽を聴かない保守」のことで、労働者保守とは「保守なのに『ナショナル・レビュー』を読んだことがない保守」のことと定義している。

「実験生活」を前にして、モーは保守系批評家のリッチ・ロウイによるアメリカの保守の三類型を学ぶ。ロウイの三つの分類とは、一つは、市場経済至上主義で「小さな政府」と低率税金を志向するリバタリアンや経済保守という流れのひとたち。二つは、原理的に道徳と伝統価値が保たれた社会をめざすひとたち。そして三つは、強い対外的軍事力を志向するひとたち。すべてに属する保守主義者は存在せず、ジョン・マケイン上院議員は二番目にあたる敬虔なキリスト教徒の集団とはそりがあわないし、かつて大統領選挙に何度も立候補してきたパトリック・ブキャナンは保護貿易主義者であり、一番目のなかにいる自由貿易主義者と合致しない。

モーは、ロウイに学んだ通りに、実験生活で出会う保守のアメリカ人を、一番から三番の分類にナンバリングしていく。このひとは一番、このひとは三番と。しかし、ある時点で、ナンバリングが容易にはできないことに遅まきながら気がつく。

彼を驚かせたのは、きわめて保守的な州の保守的な町で出会う、共和党に愛着をことさら感じていない人たちだった。非党派的な実践的保守人間といってもいい。農村で出会うアメリカ人の少なからずは、党派政治に興味があるわけでも、党としての共和党を愛しているわけでもない。アイダホ州レックスバーグは、二〇〇四年にW・ブッシュ大統領に九割以上投票している町だが、かつて共和党のテレビCMが流れたこともブッシュ大統領本人が訪れたこともほとんどない。あまりに保守的すぎて共和党しか選択肢がないという、共和党にとって放っておいても票の入る地域だった。

市長のショーン・ラーセンは、保守派でならしたサウスカロライナ州選出のストロム・サーモンド上院議員のワシントン事務所で働いていたこともある。家族の価値を大切にするラーセンは、モルモン教徒が多く敬虔な故郷の町レックスバーグに市長として戻った。秋になるとジャガイモの収穫のために、学校が二週間休みになるようなのどかな農村だ。ラーセンは、宗教と道徳を大切にするが、貧しい農民の暮らしをなんとかしてほしいと願う「大きな政府」の信奉者でもある。文化的には保守的だが、ブッシュ大統領の政策、とくにイラク戦争をはじめとした外交政策に反対している。先の分類でいえば、一番にも三番にもあてはまらない。

冷戦期には「神を信じぬ」共産主義に対峙するために必要とみなされてきた軍事支出も、いまとなっては素直に受けとめられないラーセン市長のような保守的な農村のアメリカ人は少なくない。教会に熱心に通い、独立記念日にレモネードを飲みながらパレードを観るのを一年中、心待ちにしている。小さな世界で保守的な生活を営んではいるが、共和党員であるという自覚がきわめて薄い人たちである。

モーは、アイダホやカリフォルニアを訪れるのに先立ち、首都ワシントンやニューヨークで、「ネオコン」を牽引するウィリアム・クリストルのほか、『ナショナル・レビュー』のジョナ・ゴールドバーグら保守理論の知識人たちにレクチャーを申し込み、「自分をなんとか保守化してほしい」と懇願した。しかし、いざ都市部を出て農村州での滞在をはじめると、「保守化レクチャー」で教え込まれたネオコン思想などの理念的な保守思想の持ち主に、一切出会うことがなく、拍子抜けしてしまう。

銃を愛好する民主党員も

これは「実験」のなかで私が感じてきたギャップときわめて似ている。シカゴ空間の外交保守理論、ワシントンに渦巻くリベラルと保守の政策的な対立軸。こうしたものと、のちに選挙を通してかかわりをもつようになった、ニューヨーク市のエスニック社会で出会ったアメリカ人の「コミュニティの政治」には、いいようのない大きな断絶があった。

この「乖離」「断絶」は、ニューヨークを離れ、オハイオやミネソタなど中西部のスモールタウンに応援で出れば、なおのこと強まった。シカゴやワシントンにはあたりまえのように存在した、ネオコン思想の持ち主はもちろん、女性や同性愛の権利を主張する集団などに出会うことはめったにない。選挙を担当していた民主党内でも、スターバックスを飲んで「ニューヨーク・タイムズ」を読むようなスタッフを、地方支部のボランティアに探すのは至難のわざだった。

かつて上院選でヒラリー陣営本部が間借りしていたマンハッタン七番街のビルの一階に、スターバックスが入っていた。ここで皆、カフェラテとアメリカ人が好きな丸かじり用のりんごを買って、「ニューヨーク・タイムズ」を小脇に抱え、エレベーターに毎朝行列をつくる。

ジーンズの白人労働者とスーツ姿の黒人。異なる民主党支持層の対比（*The New Republic*, Feb. 13, 2008）

あるとき、昼食後にエレベーターが混み合った。外はペンシルバニア駅前。アラブ系も多い地域で、エスニックな香りがする「混沌」とした通り。目の前の列にいたのは、バナナリパブリックのシャツ姿で、スターバックスを片手にすすり、腰に当時よく使われていたページャーというポケベルを付けたローファーを履いた人たち。リベラル系の『ニュー・リパブリック』誌を丸めて手にしている人もいる。表には物乞いのホームレスや、バスケットチームのロゴの入ったパーカーを着た黒人の少年たちが元気に走り抜けていく。そのコントラストはなんとも鮮烈だった。

とにかく民主党エリート層の集っていたヒラリーとゴア陣営スタッフは、都市部の高学歴リベラルの典型例で、とてもお洒落だった。これは黒人スタッフにとくにみられた現象で、黒人上級スタッフの身のこなしや着ているものは、ハーレムやサウスブロンクスで出会う一般の黒人とはまるで異質のものだった。私は毎日、スーツ以外の服でなにか少しでもお洒落に見えるものを考えなければならず、これが苦痛でしかたなかった。

しかし、どんなに民主党の地盤が強いはずの州や地域でも、マンハッタンやボストンを一歩出れば、「ニューヨーク・タイムズ」は手に入りにくい。地元紙中心のアメリカでは購読の需要そのものが少ない。そしてリベラルな民主党員のはずなのに、銃を愛好し、カントリー音楽を聴くひとがあらわれる。農村に行けば行くほど、いわゆるステレオタイプで描かれるプアホワイトの白人保守層と外見上はどこも変わらない、熱心な「民主党員」に歓待された。いったいどういうことなのか。モーとおなじ感情を抱いたのはいうまでもない。

各陣営内にある断絶

アメリカには、全体として「保守」「リベラル」という潮流がある。しかし、双方に帰属する理由は、個別には千差万別でもある。すべての点で「保守」、あるいはすべての点で「リベラル」な人ばかりではない。何か特定のシングルイシュー（単一の争点）に強くつき動かされている場合、共和党員でも、個別の政策では民主党を支持することがある。

かつて、民主党のシャコウスキー下院議員事務所で、事務所始まって以来の「事件」が起きたことがあった。議会事務所には、コンピュータのシステム管理だけを担当し、立法や政治的な職務にはあまり触れないシステムエンジニアがいる。その初代システム担当補佐官だったジェイ・コリンズがある日突然辞めた。「メリーランド州議会選に再来年に出るって。共和党から」。ジェイの働きを評価していた議員は落胆の表情を隠さなかった。

ジェイは共和党員だった。ジェイと妻のサラ・コリンズは、多発性硬化症の撲滅運動に携わってきた。この運動を通して、シャコウスキーの首席補佐官と政治的党派を越えた友情を育ててきた。シングルイシューでの超党派的協力が、民主党リベラル派議員の事務所入りにまでつながった。こうしたことは、アメリカの議員事務所では割合は少ないが、まれに存在する。

ジェイの政治思想は複雑だった。旧西ドイツ駐留中に空軍ヘリコプターパイロットとして表彰されている軍人の彼にとって、愛国心は優先すべきことがらだった。しかし、銃規制に賛成する、国内の社会問題ではリベラル派でもあった。「小さな政府」を好む経済保守であり、ビジネスに政府は規制を加えるべきではないとしていて、人種マイノリティへの過剰福祉にも反対だった。しかし、難病のための研究助成や障害者へのバリアフリー支援については手厚くやるべきだという考えだった。環境問題にはあまり興味がなく、熱心なゴルフ愛好家だった。アカデミックな政策論争にあまり興味をもたず、ささやかな愛国心をもち、政府に干渉されない暮らしを続けていきたいと願っていた。ジェイは州議会選挙に失敗したのちIT会社の経営者に転身してしまった。

あえてわかりやすくいえば、アメリカの保守とリベラルには、アカデミック保守とアカデミック・リベラル、土着保守と土着リベラルがある。保守でいえば、宗教をめぐる敬虔さなど土着の感性に根を張るものもあれば、アカデミックにしか存在しない新保守主義のようなグループもいる。どんなに保守的な州や郡の農村であろうと、土着の生活には、アカデミック保守は見つけにくい。

一方、リベラル側でも、労働者の暮らしを支える経済政策としてのニューディール的なリベラリズムと、同性愛の権利から反戦平和まで、グループの権利を求め続ける、かつての「コミューン」やキャンパスの闘士たちとの方向性の違いは明らかだった。

ではどうして、このような「乖離」や「断絶」があるにもかかわらず、アメリカの二大政党システムはそれなりに機能しているのだろうか。いいかえれば、どうして二つの政党に、なかよくおさまっているのだろうか。両者をつなぐ接着のための「のり」のようなものがあるのではないか。そうでなければ、共和党、民主党という、たった二つの政党に、すべての保守とリベラルをまとめあげることは難しいはずだ。実のところ、アメリカにはいくつかの「接着剤」がある。

第2章　都市
——移民のシェルター

1910年、シカゴ中心部キンジー通りで荷物の上に腰掛けるノルウェー系移民の子供。寒冷地に適応しやすい北欧系はドイツ系やアイルランド系とともに中西部最大の都市シカゴにも多く流れ込んだ（M. Jacob and R. Cahan, *Chicago Under Glass,* University of Chicago Press, 2007）

共和党と民主党の逆転図

二つの地図を見てみたい。上は一八九六年の大統領選挙の地図。下は二〇〇四年の地図。黒が共和党、グレーは民主党が多数を獲得した州である。ちょうど共和党と民主党の優勢の地域が、上下で逆転している。

つまり、両党を構成する支持母体になんらかの大きな変動が、この一〇〇年の間に起きたということである。いわゆる政党の再編だ。それも一夜にではなく、いくつかの段階を経て、このような逆転に整えられるようになった。

「共和党は」「民主党は」というときに、単純な一般化は難しい。ときに危険ですらある。いったい「どの時代」「どの地域（州）」のことを指しているのか。それにより答えが違うからだ。共和党と民主党がひっくり返っていく過程で、いったいアメリカになにが起きたのか。きっかけを理解するうえで鍵になるのは、アメリカの「都市」をめぐる物語である。

アメリカで「都市」に住む者は伝統的にどのような者だったのだろうか。「都市」とは何を象徴しているのか。

よく知られているように、移民は都市に集まる傾向があった。「東の窓」はヨーロッパ

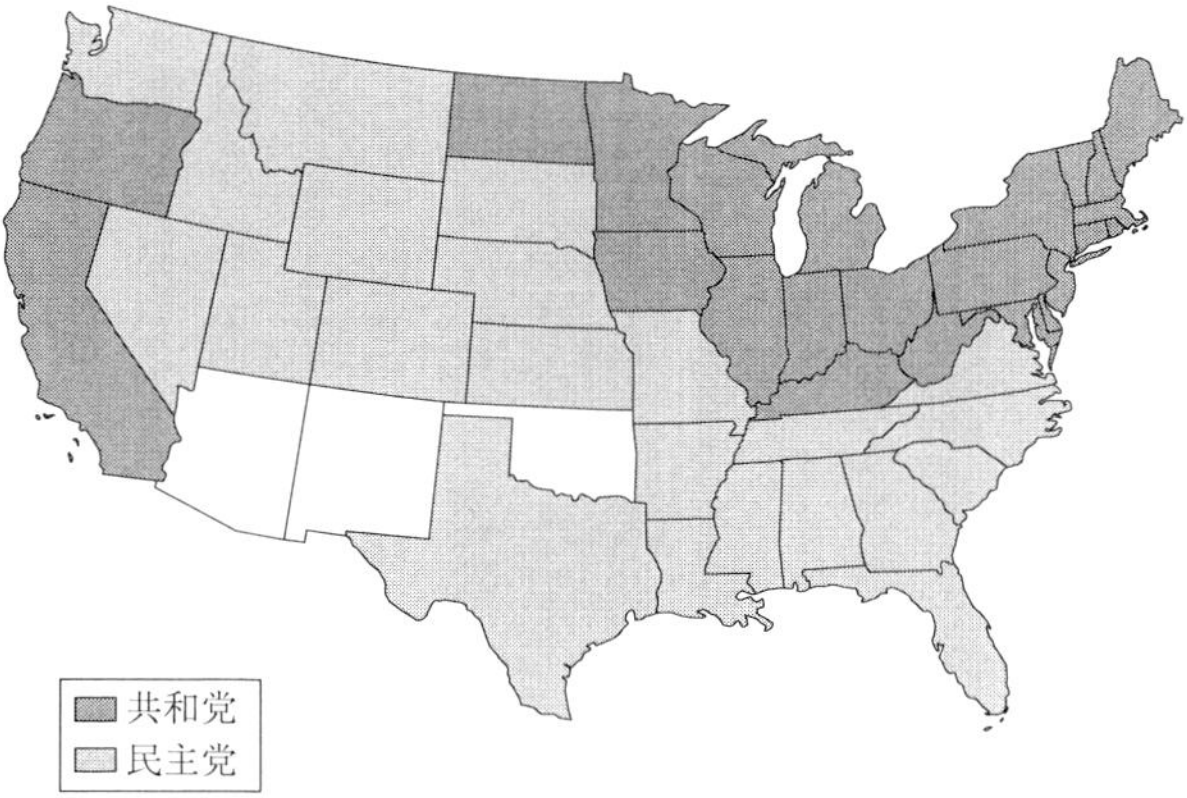

1896年の大統領選挙結果

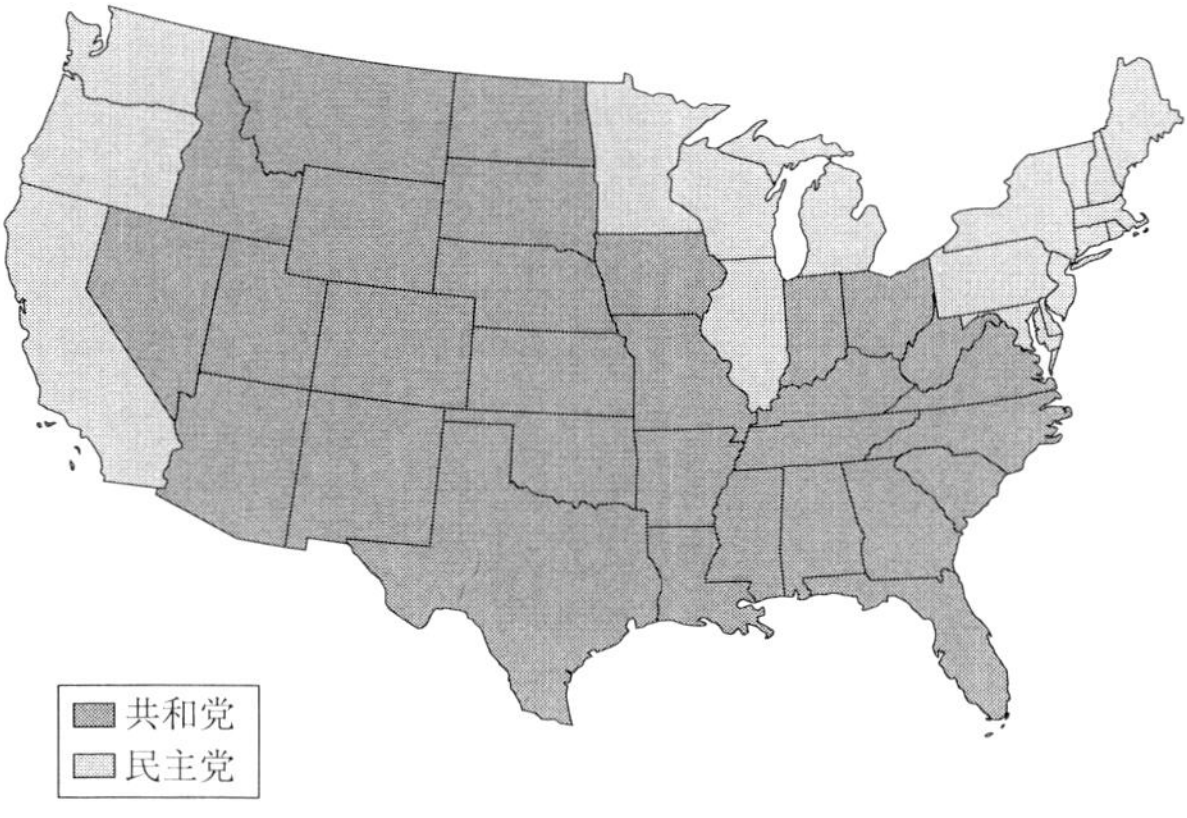

2004年の大統領選挙結果

に開かれていた。一三植民地への入植にはじまり、アメリカは東から成立した国だった。ニューヨークはヨーロッパ系移民にとっての通過点として発展した。「西の窓」はアジア太平洋に開かれている。アジア系移民はハワイのほか、サンフランシスコ、シアトルなど西海岸の諸都市に集った。「南の窓」は中南米に開かれ、テキサス州やカリフォルニア州のロサンゼルスなどの都市は、ヒスパニック系で溢れている。キューバ系はフロリダ州のマイアミに拠点を築いた。

アメリカを構成する移民を知る上で都市は避けて通れない。

農村から大都市へ

ニューヨークやロサンゼルスの摩天楼のイメージからは想像しにくいが、都市国家の伝統をもつヨーロッパと異なり、アメリカは伝統的にはヨーロッパ的な意味での都市をもたない農村社会だった。一八世紀末の都市人口は全体の五%程度だった。しかし、一九世紀を通して人口一〇万人以上の都市が急増していき、一九二〇年に農村人口を追い抜く。

南部を中心とした農村を地盤としていた民主党を尻目に、共和党はアーバナイゼーションという都市化の波に乗った。とくに東部、中西部五大湖周辺の工業州の都市で一八八〇年代を通して共和党が支持を勝ちえた。共和党はこの時期、産業化を促進する政策を打ち

1892年から1954年まで入国審査の窓口だったエリス島の移民たち。ここから対岸のマンハッタンへ向かった（*200 Years*, US News and World Report, 1973）

出し、経済成長の後押しをした「都市政党」とみられていた。一八九〇年代半ばの選挙を通して、シカゴ、ミルウォーキー、ピッツバーグ、ロチェスターなどの都市を、安定した共和党の勢力圏としていた。この頃までの都市は、半径二マイルほどにおさまるコンパクトなものだった。

都市に流れ込む移民といえばドイツ系やアイルランド系だった。カトリックのアイルランド系は、ニューヨーク、ニュージャージーなど北東部の民主党支持層としてつよい結束をもっていたので、アイルランド系以外のカトリック移民が疎外されることすらあった。マサチューセッツ沿岸にいたポルトガル系などは、アイルランド系支配のカトリック・グループに入れないために共和党を支持した。

大転換のきっかけは、新しいヨーロッパ移民だった。一八九〇年から一九二〇年のあいだに新移民と呼ばれる南欧系や東欧系が東海岸に流れ込んできた。一九二〇年までに、ニューヨーク市では市の人口の約四〇%をイタリア系と東欧からのユダヤ系で占めるという勢いだった。そのほか、ボストン、ニューヘイブン、フィラデルフィア、ボルチモアのような都市で人口を増やしていった。

一九二〇年には都市人口が農村人口を上回り、半径二マイルにはおさまらない「メトロポリタン」という大都市が誕生していく。大都市は新移民の流入で、移民一世の人口比が半分近くかそれ以上にのぼるようになった。この恩恵で躍進したのは、それまでの「都市政党」の共和党ではなく、南部中心に根を張る「農村政党」の民主党だった。

北東部はアメリカ建国以来、ニューイングランドとよばれるマサチューセッツ、コネチカット、ニューハンプシャーなどの地域を中心に、カルヴァン主義的なヤンキー文化を育んできた。ヤンキーの定義は立場によってさまざまだ。南部からすれば北部住民のことを意味するが、ニューイングランド人は、植民地時代のアングロサクソン系統に属するニューイングランド人のみを指すことが多い。南北戦争でも、南部と交易利害があり複雑な立場にあったメリーランド、デラウェアなどの北部諸州は、同じ北部でも、北東部ニューイングランドとは異なる地域アイデンティティをかかえていた。かれらにとって、南北戦争は北部の戦争ではなく「ヤンキーの戦争」だった。そのニューイングランドの共和党体制に亀裂をいれたのも、都市部の下層階級である新移民の急増だった。

もともと、保守的な南部や中西部にくらべて、共和党は東部では伝統的にリベラルだった。とくにロードアイランド、ニューヨーク、ペンシルバニアなどでその傾向が強かった。そのため、一九六〇年代以降の共和党の保守化の流れに、ニューイングランドの共和党エスタブリッシュメントは抵抗を示した。

一九六四年に大統領選をめざした、保守派のバリー・ゴールドウォーターに対する東部エスタブリッシュメントの嫌悪感は如実だった。しかし、ゴールドウォーターをくいとめるエスタブリッシュメントの意思を代弁したはずの、ニューヨーク州知事ネルソン・ロックフェラーは、一九六八年の大統領候補指名で挫折している。地域間の亀裂の壁が大きく、北東部の外に影響を押し広げられなかった。

おなじ共和党でもそれだけ地域によってまったく支持母体のちがう存在であり、地域差の壁は政党の団結をそこねることすらあった。その間隙をつくように、新しい移民がどんどん入り込んできたのである。北部の都市はあっというまに民主党のものとなった。

マシーン政治と「エスニック・アウトリーチ」

同じ地域で支配的な政党がAからBに変わるとき、有権者に部分的な入れ替えがあったと想像するのは、推理として悪くない。二〇世紀初頭の民主党はまさにそうだった。民主党は農村という伝統的な地盤を抱えながら、ヨーロッパから来た英語もままならない新移民をメンバーとして受け入れた。なぜだろうか。

一つには、新移民がおもにカトリックという、プロテスタントに対立した存在だったことがあげられる。「反カトリック」のプロテスタントが主流をなし、孤立主義によるヨーロッパからの断絶を志向していた当時の共和党には、新移民はまったく共感を抱けなかった。移民時期も比較的早く、英語ができたアイルランド系に比べて、東欧や南欧の新移民はアメリカへの適応に言語をはじめさまざまな障害もあった。

また、極端に貧しかった新移民にとって、焦眉の課題はあすの生活だった。都市での職の安定は切実だった。大都市には「マシーン政治」と呼ばれる、政治ボスを介在した利益誘導の構図ができあがっていた。都市の政治ボスは公権力へのアクセスをもちいて、職の口を確保することができた。政治ボスの背後には数多くの「票」としての潜在的移民がおり、政治家はボスの要求をないがしろにできなかったのである。このマシーンが新移民を助けた。雇用を約束するかわりに票を獲得するという、双方にとってとても好都合なシステムだったからだ。こうしてイタリア系をはじめとした新移民は、大都市のマシーンのなかに「票」として取り込まれていった。

大都市の多様性が生み出した「エスニック・アウトリーチ」という選挙手法が本格化したのもこの時期である。アウトリーチでは、エスニック集団ごとの利害に合った政策を交換条件として売り込み、エスニック集団の言語や文化を尊重したキャンペーンを展開する。

大都市では、エスニック集団が宗教組織や利益団体よりも、票として優先される方針は、現在でも変わっていない。二〇〇〇年のヒラリー・クリントン上院選、アル・ゴアの大統領選のニューヨークでのキャンペーンでは、ユダヤ系と、アイルランド系、イタリア系などのカトリック教徒系が筆頭の優先課題となっていた。私が担当したアジア太平洋諸島系の集票では、最大グループの中国系と増加が著しい南アジア系が二大ターゲットだった。いずれも都市住民への対策だった。

ローズヴェルトへの投票を中国語で呼びかける民主党ニューヨークの集票活動（J. M. Wright, *Campaign for President,* Collins, 2008）

こうして民主党は農村に旧来の支持層を抱えたまま、「大都市」政党へと脱皮をはかり、一九三二年のフランクリン・D・ローズヴェルトの勝利とともに民主党の時代を迎えることになる。民主党は、大都市と南部全域を地盤とする「大都市と農村」の政党になった。この大勢力を一九六〇年代まで支えたのは「ニューディール連合」というカトリック新移民、南部白人、黒人という奇妙な連合だった。

エスニックメディア

一方、アジア系はといえば、一八四九年のゴールドラッシュを受け、中国系が西部の鉱山開拓の安価な労働力として入りこんだ。この当時の中国系移民の九〇%が男性だったことからも、労働移民だったことがよくわかる。こうした独身男性の労働移民は、サンフランシスコのチャイナタウンを拠点として数を増やしていった。あまりに急増した中国系に脅威をもったアメリカは一八八二年に「中国人排斥法」を成立させている。

一八八四年から一九〇六年には、約三〇万人の日本人がハワイとカリフォルニアの地を踏んだ。農業労働者として働いたが、アメリカに居着かずに帰国したものも多い。こうした出稼ぎ的なスタイルは、現在のヒスパニック系、とくにメキシコ系に似ている。

アメリカ社会でアジア系を本格的に目に見える存在にさせたのは、一九六五年の移民法の改正である。それまでヨーロッパ系に偏っていた割当制度が改正された。中国系は女性の移民が多くなり、カリフォルニアとニューヨークのチャイナタウンに住み着いた。韓国系はロサンゼルスのコリアンタウンを大規模化した。こうしたエスニック・コミュニティは、ヨーロッパ系のゲットーとおなじ相互扶助的な役割をもっていた。英語のできない新しい移民がアメリカ社会で生活していくうえでは、エスニック・コミュニティが欠かせなかった。

コミュニティに特有の事業があるのもアメリカの移民社会の特徴である。都市部で日系のオーナーが営んでいたクリーニング業のほか、かつてはイタリア系やギリシャ系の経営が多かった青果店や雑貨店も韓国系が受け継ぐようになった。これがさらに世代が進み、二〇〇〇年代にもなるとマンハッタンのデリカテッセンで、韓国系の経営者のもとでヒスパニック系従業員が深夜勤務を強いられる、というマイノリティ同士の労使関係がうまれている。

シカゴのポーランド系新聞の創刊50周年号一面（Dec. 7, 1940）（*Chicago's Polish Downtown,* Arcadia, 2004）

都市のエスニック・コミュニティのなかにさえいれば、日銭を稼ぐ低賃金の仕事にはありつけたし、英語がブロークンでも、食から習慣まで自国の文化のままで生活できる。英語なしでもコミュニティの情報や世の中のおおまかなことが把握できるように、エスニックメディアが発達した。アメリカの大都市のエスニックメディアは、伝統的には、外にむけてその集団の文化をアピールするための広報的な機能をもつものではなく、あくまでコミュニティの内側にいるものたちにむけ、自分たちだけの言語で、自分たちに必要な情報を共有しあう自己完結的な媒体である。

かつてニューヨークの選挙で、エスニックメディアの枠にヒラリーとゴアを扱ってもらう交渉をしたことがある。彼らの最初の反応はきまって「それが自分達になんの利益になるのか」というものだった。共和党を支持しているので、民主党のためにはなにもできない、という理由はめったにない。ただ、エスニックメディアとして、アメリカの選挙にかかわる意味がなんであるのかということを問おうとする。そこには、「アメリカの公」という世界と、自分達のエスニック・コミュニティだけでの「公」が二重に存在していた。

いくら「アメリカの公」で有名な人で、「アメリカの公」に大切な行事のことであっても、「エスニック集団の公」、それもロサンゼルス、ニューヨークなどきわめて地域が絞られたなかで意味のあることでないと、記事にしたり放送したりする意味はないという厳しい態度だった。

英語ができる二世以上の多いコミュニティでも、中国語やヒンディー語のエスニックメディアの人気は衰えない。まるで、英語しかできない「アメリカ」には見えないように、自分たちの情報を共有しあっているようにすら見える。ほかのどんな利益団体にも宗教組織にも、暗号のようなものは存在しないが、新しい移民集団にかぎって、外国語はとくべつな作用をもっていた。「外のアメリカ」には見せないコミュニティの顔を内部で維持するうえで、シンボリックにも実利的にも役立つからだ。英語ができない移民が今やほとんどいないユダヤ系もあえてイディッシュを大切にしている。

「アイデンティティ」と「同化」

しかし、こうした都市のエスニック集団のコミュニティ内の相互扶助システムが、新しい移民のアメリカでの自立や適応を遅らせた側面もある。

一九八〇年代以降、多文化主義のなか、エスニックなアイデンティティが尊重されるようになった。強制的な「同化」は移民社会として発展したアメリカとしてとるべきではない、という考えが都市部の知識層のなかでは広まった。いまでもアメリカの政治家のあいだでは「多様性（ダイバーシティ）は強さ」というのは、合い言葉のように語られる。リベラル系だけでなく保守系の政治家も、多様性そのものをアメリカの特色として肯定的にとらえる人は少なくない。

黒人をはじめとした都市の「旧マイノリティ」は、自分たちの「領域」に入ってこない分には、新しいエスニック集団がどんな不思議な言葉を話そうと、正体不明の食べ物を食べていようと気にしないという無関心主義をつらぬいた。おかげで、アジア系の未熟練労働者に代表される最新移民のなかには、アングロサクソン的なアメリカ人に「同化」する義務がないことと、外の社会と相互理解につとめる必要がないことを、混同する層もあらわれた。それは「公のアメリカの儀式」にたいする、極度の無関心としてもあらわれる。

新しい移民の多いエスニック・コミュニティにふれていて必ず驚かされるのは、政治制度の知識の圧倒的な欠乏である。大統領選挙があることも自分が投票の権利をもっていることも知らない人がいる。そもそもアメリカが大統領制であることも、共和党と民主党のことも周知されていないし、これまで投票というものを行ったことがないという移民もいる。

だから、都市部のエスニック集団向けの選挙対策は、アメリカへの同化率によって手法を変えざるを得ない。ユダヤ系、イタリア系、ポーランド系などヨーロッパ系の「新移民」は、かつてはエスニック意識が強かった。しかし、一九六〇年代末から一九七〇年代初めに、民族の伝統を再評価しようというエスニック・リバイバル現象が「リバイバル」といわれたことからも明らかなように、基本的に白人のカテゴリーに溶けていってしまったアイデンティティだ。こうしたグループに対してはルーツを尊重するシンボリックな訴えをする。異人種間結婚やエスニック集団外結婚がふえようと、聖パトリックデー（アイルランドの守護聖人の祝日）はなくならない。アイルランド系の伝統をたたえ、アイルランド系以外の人々も緑のカーネーションを胸につける。

たとえばアメリカ先住民はいまや純血率がきわめて低いが、「先住民の血が入っている」という認識や誇りはむしろ居留地外で非先住民としてくらしているひとに多い。エスニックな観念が、「どの系統であるか」から「どの系統の血も入っているか」に多様化している現象だ。アイデンティティ探求としてのエスニック意識は完全には消滅しない。むしろ「何が混ざっているのか」のルーツ探しに向かうことで、単一エスニシティの人よりも、ハーフやクオーターの人のなかに祖先に特別の興味や敬愛を示す人が少なくない。

一方、同化率の低いアジア系貧困層やヒスパニック系には、抽象的なキャンペーンよりもまず、アメリカの選挙のことから教えないといけない。非英語圏からの新移民にはいまだに英語が読めない、話せないというひとがかなりいるので、彼らの言語ができる人間をあいだに挟まないとコミュニケーションも成立しない。

こうした実態は、エスニック・コミュニティという外界との防護障壁が、誤った乱用のされかたをしているコミュニティによくみられる。ニューヨークのチャイナタウンはその典型例である。あまりに多い一時的出稼ぎに近い不法移民の「罪悪感」や「不法意識」の欠如は、おなじコミュニティに住む合法移民の英語習得の意欲や納税者としての責任感まで薄めがちだ。

こうしたコミュニティには、なぜ市民が投票したほうがいいのか、権利の有り難さから話すのだが、反応はきわめて鈍い。エスニック・コミュニティ内部にいれば、食べてはいけるのである。彼らにとってアメリカ人であることは、明日をしのぐためでしかないこともある。最新移民が政治意識にめざめるきっかけは、多くの場合、黒人とおなじくヘイトクライムという人種や移民の差別をめぐって嫌がらせをうける経験なのだが、コミュニティの外に一歩も出なければ、そうした嫌な思いからも逃げきれることが少なくない。

かつてヨーロッパ系の移民のあいだで機能したマシーン政治のモデルは、現在、人口も多く結束力もある中国系に受け継がれている。ニューヨークなどの大都市では、労働組合や人権団体をはじめアジア系組織における中国系の独占率が高く、地方議員への立候補など公職への関心も強い。落選などおかまいなしにどんどん立候補する。こまったことに、大統領選挙を手伝うといって政党に近づいてきて、自分の選挙のチラシを会場で配る人もいる。彼らはエスニック・コミュニティ内部で「票」をもっているので、陣営もこういう自己宣伝型の協力者をなかなか排除できない。

中国系はこのスタイルで新しい自己完結のマシーン政治を確立している。コミュニティのなかに保護されている最新移民、「外のアメリカ」との接点を代理する高学歴の二世や三世。エスニック集団内でも役割分担があることでコミュニティが守られている。しかし、組織の力が弱い東南アジア系などのエスニック集団は、どうやって利益にありついていけばいいのだろうか。「エスニックな力」をめぐる格差問題がここにはある。

都市の居住者調査

大統領選挙での激戦州である中西部のオハイオ州クリーブランドに派遣され、キャンバシングという戸別訪問の投票勧誘と調査を手伝わされたことがある。「キャンバシングをやらないとコミュニティがわからない」とはキャンペーンを通じて常に語られる言葉である。ＨＱ（ヘッドクォーター）と呼ばれる本部につめていると、キャンバシングに参加することはまずない。右の言葉と矛盾しているようだが、キャンバシングは学生や主婦のボランティアにアウトソーシングするものだからだ。

私自身、集票アウトリーチを行いながらも、身体はマンハッタンの本部二階のパソコンの前から離れることが少なかった。電話会議の連続で、コミュニティリーダーとは声だけで関係を築いている錯覚があった。イベントの当日などでないかぎり、コミュニティの空気に触れることは、アウトリーチ担当といえども少なかった。ほかの部署には、選挙区に出ないままキャンペーンを終える人もいた。どこか本部スタッフの心には、キャンバシング は肉体仕事という印象があって、週末向けの志願募集にも逃げ腰だった。

志願して参加したキャンバシングが、アメリカ理解を思いがけず深めたのは私にとって驚きだった。ワシントンを離れ、マンハッタンのエスニック社会に混じりあったとき、「選挙区のアメリカ」が等身大で見えるようになったのはいうまでもないが、キャンバシングは二度目の「化学変化」をもたらした。モー的にいえば「実験」のおもわぬ副次的効果だ。

アメリカでは、少したつと家そのものがなくなっていたり、通りの先がふさがっていたり、地域の様子があっというまに変貌していることがある。こうしたことは歩いてみないとわからない。

アメリカに特徴的で、日本ではあまり見かけない習慣に、一戸建てを複数の他人とシェアするという住み方がある。ルームメイトとのシェアはアパートだけでなく、一軒家でも学生を中心に日常的である。キャンバシングで一戸建てを訪れると、学生のような若者が扉に現れたことがある。うしろのほうでほかの若者の声がする。「ご兄弟ですか」と聞くと「同居人だ」という。「いったい何人で住んでいるのですか」「いつからですか」といった会話を交わして、手元の情報を更新した。手元のデータは中間選挙での更新なら二年前、大統領選挙でのキャンバシングなら四年も前のデータだ。記録では一家が住んでいることになっていたが、その家は近くの大学に通う学生数人の下宿先となっていた。

クリーブランドの黒人ゲットーではこんなこともあった。少なくとも二年か四年前まではここに「ドリス・モーガン」という六二歳の女性が住んでいた。データにある。しかし、いない。こういうことはコミュニティによっては、データ帳一ページにつき数軒、ゲットーでは番地にして二桁に及ぶこともあった。たとえば、新聞受けにビラが溢れている、ドアがバリケードになっている、売りに出されている。また、家そのものがあとかたもなく消え、芝生の空き地やゴミ置き場になっていることもある。モーガンさんも亡くなったのか、引っ越したのか、なにがあったのか、まるでわからなかった。そうしたとき近所の人に「聞き込み」も行う。黒人ゲットーは相互扶助的なコミュニティ意識が強い。黒人ゲットーのデータ更新キャンバシングでは「聞き込み」に助けられた。

キャンバシングでは、データ帳、ドアハンガーとよばれるドアノブにかける投票の呼びかけと投票所の案内、期日前投票の案内書、議員の政策カードなどを数点セットで持ち歩く。肩掛け鞄やリュック姿でファイルを片手に一軒一軒まわっていると目立つので周囲から声がかかる。「その家は人がもう住んでないよ。その隣も。子供が出て行って、奥さんも去年出て行った」と向かいの窓をあけて大声で教えてくれる人がたくさんいる。そういう情報をもとに、番地と名前に斜線を引き、「クローズド（バリケード）」「アバンダンド（廃屋）」など書き込んでいく。不在の場合は「ノー・ホーム」とし、居住が判別つかない場合は後日の確認にまわす印をつける。年齢やジェンダーの更新や、エスニック分類などもそっと書き加える。世間話が大切になる。

キャンバシング以外でこんなことをしたら、コミュニティにとって怪しい調査以外のなにものでもない。「選挙活動」という理由があるから、ドアを堂々とノックできるし、州外から週末だけ応援にきているよそ者がうろうろしても親切にしてくれる。「キャンペーンから来ました」という挨拶を皮切りに、地域の最近の様子や家庭の雰囲気について話を聞く。これができないとただのポスティングになってしまう。数年前に有権者登録した人が住んでいたはずの番地が二年後、四年後のいま、どうなっているかの「結果」を持ち帰らないといけない。

クリーブランドとインナーシティ

アメリカの都市問題を見る上で、クリーブランドは参考になる街だ。運河や鉄道の拠点として重工業が栄え、一九一〇年には全国でも四番目の大都市だった。ジョン・ロックフェラーのスタンダード・オイル社は、かつてはクリーブランドに基盤をおいていたことがある。しかし、重工業の衰退、エリー湖の汚染に引き続き、市の財政が破綻したクシニッチ市長時代の一九七〇年代、クリーブランドは暗黒の時代を迎える。

クリーブランドがアメリカ北部の中規模都市のひとつの類型であり続けている理由に、エスニックな「多様性」がある。一八九〇年代から一九二〇年代に中央ヨーロッパや南ヨーロッパからの移民が、鉄鋼や自動車産業での職を求めて大量に流れ込んできた。その出自はハンガリー系、チェコ系、スラブ系、クロアチア系、ポーランド系、イタリア系、ユダヤ系など四〇以上に及んでいる。二〇世紀初頭にヨーロッパ系が多様性をもたらした都市はニューヨークだけではない。しかし「多様性」と混ざり具合はまったく比例しない。

中心部にも居住空間の多いマンハッタンを例外として考えると、アメリカの都市はおおむね次のようなものだ。もっとも中心に行政機関、銀行、地方メディアなどが入った中高層のオフィスビルやホテルが立ち並び、近隣に衣料や雑貨を扱う小売店、飲食店がある。ダウンタウンの端には倉庫や工場などが並んでいることも多い。こうしたビジネス地区にはホームレス以外は住むことがない。ミネアポリス、デモインなどの中西部の都市を訪れると、夜や土日の人の少なさに驚かされる。まるでゴーストタウンのようだ。

ビジネス地区の周辺をとりかこむのがインナーシティである。このなかの連結型アパートや賃貸家屋などに、移民貧困層と黒人アンダークラスがとりのこされている。インナーシティのなかもいくつかの縄張りにわかれ、ストリートひとつ隔てると違うエスニック集団のコミュニティだったりする。

アメリカの高速道路で車を運転していて、もっとも緊張する瞬間といえばなにを想像するだろうか。もちろん、方向指示器を出さない急な追い越し運転も日常茶飯事であるし、隣に巨大なトレーラーが並走したときも冷や冷やするものだ。しかし、もっとも緊張度が高いのは、都市周辺の高速出口を間違えないように注視するときである。

アメリカでは、高速道路の出口が一つ違うだけで、別の国のように町の雰囲気が違う。シカゴ、ロサンゼルスなどのゲットー付近を走る路線では、深夜に間違えて降りれば、戻るための入り口を探し当てるまで生きた心地はしない。しかし一五分も走って違う出口を出ると、芝生の手入れの行き届いた郊外住宅が並んでいたりする。キャンピングカーやボートをつないだ車がよちよち走っているのどかな大平原州のフリーウェイと、インナーシティにかかわりあわずに都市の中心にあるオフィスから郊外に一目散に飛び越えていく「空中の橋」としての高速道路は、おなじアメリカの高速道路でも根本的に異質のものだ。

この高速道路の出口単位の世界の違いを、ストリート単位に縮小したのが都市内部の境界線である。たとえばマンハッタンの住み分けはいまだにかつての名残をのこしている。ダウンタウンのロウアー・イースト・サイド、チャイナタウンは中国人街だが、カナル通りとエセックス通りまでの一区画はオーソドックス系のユダヤ系街である。もともとダウンタウンの先端、ブルックリン橋付近が東欧出身のユダヤ人居住地だった。一八八〇年頃からテネメントハウスという水道などのインフラが未整備のスラムに住み着いた。いまでも道にはラビの姿が目立ち、好んでこの地域に住む他州出身のユダヤ系もいる。

クリーブランドにも、マンハッタンと同じような住み分けがある。エスニック集団ごとの「分離された都市」として有名である。通り一つ隔てただけで住人が異なる。行き来は自由だし接触や交流もあるが、住人のグループに明確な差異があるのだ。

リトルイタリーやチャイナタウンといったものが「観光地」となり、移民にとって象徴的な存在となって久しい。実際、マンハッタンのリトルイタリーの観光地化は激しく、この小さなエリア内部に住むイタリア系はかつてほど多くない。しかし、「分離された都市」クリーブランドでは、リトルイタリーにこだわりつづけるイタリア系の数がいまだに多い。こうしたことは、キャンバシングで訪問して、イタリア語で追い返されないとわからない。ヒスパニックや東南アジア系が主流の現代の最新移民のなかに、貧困層のイタリア系の家族がわずかながら混ざっている。圧倒的に多い「マイノリティ」のかげに隠れ、インナーシティにひっそりと取り残された白人貧困層の存在感は薄い。

アンダークラスの黒人ゲットー

クリーブランドは東一〇五通りから西が黒人ゲットーである。シカゴ南部で銃声が当たり前の地域に居住経験があった私にとって、中西部で最悪クラスといわれるクリーブランドの黒人ゲットーの治安は極端に悪いものには感じられなかった。親切に「このへんでドアを叩くのは気をつけろ」と声をかけてくれる通りがかりの電気工事技師などもいたが、シカゴでよく聴いた銃声やギャングの車の爆音はさほど耳にしない。むしろ犯罪が起きる活気まで失っているほどに、街が死んでいるという形容が適当な衰退ぶりである。

クリーブランド人口の約二六％が貧困ライン以下の生活をしいられている。その象徴が、二〇〇〇年代に入って、ストリートによっては三軒に一軒が廃屋か空地化しつつあるインナーシティである。

一九六〇年代にはニューディール・リベラリズムを受け継いだ、民主党のリンドン・B・ジョンソン政権が「偉大な社会」という改革を打ち出し、貧困の撲滅をめざした。貧困家庭向けの医療補助と高齢者向けの医療保険を導入し、アファーマティブ・アクションという割当制度によりマイノリティの教育を促進した。しかし、一部の黒人が高学歴化しただけで、黒人全体の生活の向上にはいたらなかった。クリーブランドのインナーシティの黒人ゲットーも例外ではない。

シーダー・アベニューからケベック・アベニューに挟まれた区間を徒歩で二〇〇軒以上まわったことがある。東一〇〇通りは一ページ黒く塗りつぶさなければならないこともあった。データ帳の番地が存在しない。家によってはバリケードで塞がれ、窓ガラスが割れている。明らかに二年前まではここに人が住んでいたはずなのに。

逆もある。これは廃屋だろうと思って、玄関前のテラスに上がりこみ、わきの窓を覗き込んだりしているといきなりドアが開いて、黒人の中年女性が出てきたことがある。期日前投票の紙を渡しながら、心のなかで「人が住んでいた」と驚きの声をあげることになる。玄関におかれている幼児向けの遊具や門扉のかざりつけ、外壁のペンキの塗り替えなどでおおよその経済力はわかるが、つねに例外はある。インナーシティ内部での階層化も進行している。ノーフォークサザン路線の線路を挟んで北西のユークリッドハイツは、インナーシティ内部では中流とされる地区になりつつある。

これまでアメリカの様々なコミュニティを訪れてきたが、車で通り過ぎる景色だけで判断することがいかに安直かを思い知ったのもキャンバシング経験によってだった。外形のみすぼらしさとは無関係に居住率がまだまだ高いコミュニティもある。ノックして話してみないと、その地域の本当の「活気」はわからない。エスニック集団の流入具合や対立の緊張もキャンバシングでわかる。

エスニック対立の兆しは、インナーシティでは貧困への不満と比例する。クリーブランドの黒人ゲットーでは倉庫やガレージに「スパニッシュのグーク」という落書きが、二〇〇〇年前後から目立ちはじめた。グークというのは外見を蔑む言葉である。一九九〇年代後半から入り始めたヒスパニック系への風当たりが、カリフォルニアやニューヨークだけでなく、中西部でも二〇〇〇年代以降にますます強まっている。

クリーブランドの人口の約五〇％強が黒人だが、アジア系はわずか一・三％強でほとんど見えない存在だ。ところが、ヒスパニック系は七・二％強と上昇傾向で、事実上黒人のための空間だったインナーシティに染み込みはじめている。アメリカの「南の窓」であるカリフォルニア南部やテキサス州、フロリダ州、また職のみつかりやすいニューヨークなどにかぎらず、中西部の内陸都市へのヒスパニック系の浸透が進んでいる。ヒスパニック系は、北部の黒人ゲットーにとっては韓国系につぐ仮想敵グループである。貧困問題に解決の糸口がみえなければ、黒人によるヒスパニック系への排斥運動につながりかねない。

中産階級と郊外化

さて、都市に流入した移民層と黒人が「ニューディール連合」という民主党支持にまわったのち、かつて都市にいた共和党支持層はどこへ行ったのか。彼らは外へ外へと逃げようとしていた。一九二〇年代にはじまっていたサバーバナイゼーション（郊外化）の波は、第二次世界大戦の終わりとともに拡大していった。

もともとアメリカにはトーマス・ジェファーソンの農本主義の伝統があり、農村の広い土地で暮らすことがよしとされる精神が受け継がれている。ここでいうアメリカの郊外も、アメリカの溢れる豊かさ、快適な暮らしの象徴である。テレビなどの電化製品、車、芝生のある家を所有することは、一九五〇年代以降のアメリカの経済的な豊かさにともない、白人中産階級のあいだでは、容易に実現されるようになった。その先駆けはイギリス系やドイツ系などのアメリカ生まれの旧移民である。

もちろん現実には都市にも豊かな層は住む。たとえばマンハッタンだ。ヨーロッパのブルジョア市民の都市型居住形態をアメリカで再現している数少ない例である。こんにちでも、アッパーイーストの高級アパート、ソーホーなどダウンタウンの隠れ家的な高級アパートには、西海岸のハイテクビジネスで短期的に財を成した人や、ニューイングランドの親族から莫大な遺産を相続したという人まで、雑多な金持ち族が特別な暮らしを求めて集まる。まだ四〇代そこそこなのに昼間からぶらぶら犬の散歩をしてお茶を飲んでいるなど、仕事らしい仕事をしていない人も目につく。彼らの少なからずは「リムジン・リベラル」と揶揄される高所得の民主党支持者である。

ソーホーの古い建物をお洒落に改築して住んでいる文学者夫妻がいる。パーティに招かれたとき、偶然紛れ込んでいた知人の共和党員に耳打ちされたことがある。「どうやってこんな暮らしをしているか知っているかい。このへんの建物を買い取って改築している連中はみな、遺産を相続して使い道に困ってニューヨークに引っ越してくる。リベラルな金持ちにマンハッタンほど居心地がいいところはない。郊外は共和党ばかりだからね」。

「ペニーセイバー」

アメリカにおける「郊外」を知るには、映画『JUNO/ジュノ』(二〇〇七年)が興味深い。主人公の高校生ジュノが、バンド仲間の男子学生とのあいだに望まない妊娠をしてしまう。子供を産むべきか、諦めるべきか。ジュノは産むことを決意する。しかし、自分で育てることは断念し、養子にもらってくれる里親夫婦を折り込み広告で探す。ジュノはブルーカラー労働者の父と後妻の母といっしょに、ミネソタ州の小さな家で暮らしている。ジュノが選んだ子供のできない若夫婦は、郊外の邸宅に住んでいた。そこへ行くには、車で貨物線路沿いの大平原を駆け抜けなければならない。夫はコマーシャルソングの作曲家。妻は暖炉から花瓶までピカピカに磨いている。純白のフレームで階段に飾られた夫妻の写真の数々は、この家では単なる家族写真ではなくアートでもある。

ジュノは、里親になるヴァネッサと話がことごとくかみ合わない。ジュノが養子募集の広告を見つけた「ペニーセイバー」と呼ばれる折り込み冊子もヴァネッサには馴染みがない。ペニーとは一セント硬貨のこと。文字通りセント単位のお買い得に一喜一憂するジュノの近所では、こうした「売買」情報誌は自然な読み物だ。広告の掲載先を夫に知らされていない様子のヴァネッサは、ペニーセイバーで見つけたと語るジュノに困惑の表情をみせる。

マーサ・スチュアートという家事デザインなる分野で人気を集めた女性がいる。「クリスマスツリーの飾り付けを作りましょう」「テーブルクロスを秋風にしてみましょう」「キャンドルとお皿の色をハロウィン流にしてみましょう」。ゆとりのある暮らしのなかで楽しむ、毎日の最低限の生活には無関係な、遊び心のある衣食住のデザインを提案し、テレビ番組や関連書籍で有名になった。スチュアートの本や『レイディーズ・ホーム・ジャーナル』を参考に、カーテンやベッドメイキングであれこれ悩んだりするのが、こうした郊外の中産階級である。アメリカでは地域によっては、娘と親子でドレスを手作りして、地元主催のファッションショーに出るというような習慣も残っている。

日本のミシンメーカーが一九八〇年代をピークに高級コンピュータミシンの開発で、世界をリードしたことがある。国内需要が頭打ちになったとき、アメリカの中産階級にターゲットをシフトして生き残りを探った。保育園の手提げ袋にアップリケを縫うために、高性能のコンピュータミシンを数十万円も出して購入する層がどれだけ見込めるのか、需要が不透明ななか、意外なマーケットはアメリカの郊外にあった。アメリカの郊外の中産階級では、ミシンで自宅のシャワーカーテンからソファカバーまで縫うことを楽しむ。そのための専門誌も多い。

豊かな白人のとるべき道

まさに郊外に住むということは溢れる豊かさの象徴であり、ゆとりのある暮らしを意味した。一九五〇年代以降、白人中産階級が黒人や新移民の流入から押し出されるかのように、どんどん郊外に出ていった。

ヨーロッパの生活の延長で都市適応力のあった南欧や東欧の新移民や、都市部の貧民街に閉じ込められた黒人から、なるべく遠くはなれた郊外で新しいコミュニティをつくることが、豊かな白人のとるべき道だった。移民の増加で人口密集化した都市の住環境の悪化や疫病の流行。英語がわからない南欧や東欧の新移民との習慣的な不一致。犯罪の増加による治安の悪化。そして、なによりマシーン政治の恩恵にあずかるわけではないという利害の不一致だった。

新移民や黒人がインナーシティの外にはみだしてくると、白人中産階級はもっともっと「外」を目指した。イリノイ州シカゴも例外ではない。チャイナタウンよりはるか南方にあるハイドパーク地区も、かつては白人中産階級の居住地だった。「ロビー邸」にみられるフランク・ロイド・ライトの美しい建築や住宅の石畳がその面影を残している。ゲットーからはみだした黒人が南下しはじめ、「境界線」にちらほらと混じりだすと、白人中産階級はそこを明け渡して一斉に「外」へと出て行ってしまった。豪邸も二束三文で売りに出された。黒人ゲットーが拡大すると郊外もそれにともなって拡大し、メトロポリタン圏がどんどん膨張していった。

郊外に入ることはエスニック性を棄てることだった。郊外住宅地のドイツ系への警告文(*Chicago Under Glass,* 2007)

一九八五年の映画『バック・トゥ・ザ・フューチャー』には、カリフォルニア州北部を舞台にしたヒルヴァレーという架空の町が出てくる。マイケル・J・フォックス演じるマーティの一家が住むリヨン住宅は、一九五〇年代以降に造成がはじまって拡大した、郊外住宅の典型的なイメージをモチーフにしている。風変わりな博士ドクが発明した車型のタイムマシーンで、マーティの両親が青春時代をすごした一九五〇年代に戻ると、リヨン住宅はまだ更地である。ヒルヴァアレーの町中から遠く離れた場所に、開発予定の看板が立っているのみ。

郊外への移住がワスプ（The WASP：白人、アングロサクソン、プロテスタント）によって進んだことは事実だ。しかし、都市の移民社会から切り離された郊外内部では、エスニック意識は希薄だった。郊外人になることは、更地だった新しい空間で、窮屈なエスニック意識を忘れて「新しいアメリカ人」になることでもあった。

「転向説」と「移住説」

郊外に移り住んだこうした白人中産階級は共和党支持者が多かった。そのため彼らが去った大都市内では結果として民主党率が強まり、周辺の郊外は共和党の地盤になるという都市圏の「二重構造」がうまれた。ニューヨークでもフィラデルフィアでもボストンでも、メトロポリタンの内部は民主党地盤だが、郊外に出ると共和党というドーナツ型でゼブラ状のすみわけが明確になっている。

なぜ郊外が共和党に染まりがちなのか。この大都市圏の支持政党再編については、アメリカの政治学者ロバート・ウッドが二つの興味深い見方を示している。一つは「転向説」

といわれるもので、郊外に移り住むと、郊外生活のなかで共和党支持になっていくという考えだ。もう一つは「移住説」といわれるもので、もともと共和党支持の人が郊外に出て行くにすぎないという考えである。しかし、現実にはこのどちらか一つの説だけに原因を求めるのは難しい。

選挙で集票をしていく上で、選挙民の政党帰属の起源はとても重大な問題である。アメリカ人が持っている保守性、リベラル性が、A地点からB地点への引っ越しによる社会環境の転換で変わるのか。それとも元々持っている固有の性質は、住処《すみか》を移そうと、そう簡単には変わりようがないのか。これはまさに前章で紹介したモーの保守化「実験」のテーマとも重なる。

結論からいえば、アメリカの選挙の現場は、共和党、民主党を問わず、多くの場合、政治的な固有の性質はそう簡単には変わらないと考えている。政治的な性質は、家庭やコミュニティで幼少期から形成されるもので、短期間のキャンペーンでバックグラウンドそのものを覆すことは難しいのである。人種環境、エスニック意識、宗教などはなかなか変わらない。そこで固有の性質を変えさせるのではなく、固有の性質のどこかに「フック」をみつける。その「フック」にひっかかるような「金具」をキャンペーンのなかに組み込んで、自分側に引き入れることを考える。

つまり、保守の人をリベラルに、リベラルの人を保守に転向させることまでは選挙キャンペーンは目的としていないのである。これは空中戦といわれるテレビCMなどの世界でも、地上戦といわれる動員戦略のなかでも共通していることである。どんなに気の利いたCMを打っても、動員の勧誘を頑張っても、保守かリベラルかの固有の性質までは、短期間で変えることはできない。保守やリベラルの人に確実に投票所に行かせ、あとは無党派層に訴える。

アイダホ州に滞在してロデオ観賞をして、カントリー音楽を聴いて、ビーフジャーキーを食べてもモーが結局「保守」にならなかったのは、当たり前ともいえるが、この保守化「実験」のおまけとして、共和党への投票勧誘「実験」を企画したとしよう。アメリカでも最も洗練されたキャンペーン手法を、最も高額契約のコンサルタントが計画して、一〇〇人のボランティアが毎日、モーの家を訪れて熱心に勧誘したとしても、筋金入りの「リベラル」であるモーを共和党に投票させることはできないだろう。

しかし、短期間に変えさせることはできないが、コミュニティの環境そのものがダイナミックに変化したら、そのなかにいるアメリカ人の性質も当然かわる可能性がある。民主党の選挙担当者も、共和党の担当者もおおむねそう考えている。だから、コミュニティの変化の兆しには、常に選挙キャンペーンは敏感であろうとする。

たとえば、黒人の大半はかつて公民権運動を支持した民主党寄りである。その背景には、いうまでもなく人種問題の根深さがあった。しかし、人種観念そのものが消滅してしまうか、黒人が精神的にみずから「脱人種」化したら、どうなるだろうか。つまり黒人というアイデンティティそのものになんらかの大きな変化が訪れたら、民主党を公民権運動だけを理由に無条件に支持することはなくなるかもしれない。そのときは民主党も安穏としていられない。なにを基準に政党を支持するかは、決して不変ではない。

納税をめぐる分断

一九七八年に、カリフォルニア州で固定資産税の引き下げをもとめる、「住民提案一三号」という減税提案が出されたことがある。ロサンゼルスを筆頭に、カリフォルニア州で上がる一方だった固定資産税にたいする反発だった。黒人などのマイノリティへの生活保護と、公共住宅に予算を注ぎすぎとの批判が積み重なった。ロサンゼルスの財政を圧迫していたものに、人種融合のための強制バス通学の運営コストがあった。

減税提案に反対したのは、労働組合、公務員といったグループで、低所得の最新移民や黒人が圧倒的に多かった。しかし、納税者意識の高まりは激しく、住民投票の結果、六五％対三五％で提案が成立する。これをきっかけに、反税闘争は保守運動としてまたたくまに全国に広がった。一八もの州であいついで減税をめぐる住民投票が行われ、マサチューセッツなどリベラルな州をふくむ各州で減税が認められた。

この反税闘争には人種やエスニシティをめぐる階級問題がひそんでいた。アメリカ先住民と黒人をのぞいて、アメリカにたどりついた順序による移民グループの差は、多くのばあい所得の差、階級の差につながっていた。逆にいえば、経済的に成功さえすれば、ある程度まではアメリカにたどりついた順序を超越した、階級の三段跳び上昇をアメリカでは手に入れることができた。ユダヤ系などがこの法則をもちいて階級上昇を実現してきた。

東欧系でも東アジア系でも、集団内で経済的に成功したものから「一抜け」といわんばかりに郊外に出てしまうものもあらわれた。中国系のなかでも台湾系の富裕層はまっさきに郊外をめざす傾向がある。こうした郊外生活者のなかには、貧困層へのフードスタンプ（食糧切符）のバラまきや、人種融合のバス運営に税金をつかわれるのはかなわないという感情がめばえた。

政府が推し進めた所得再分配としての福祉政策は、黒人などごく一部の集団にしか還元されない。不公平感をつのらせた中産階級は、受益者意識を完全に失った。インナーシティの貧困層と同じコミュニティの一員として州に税金を納めることに、抵抗を示すようになった。リベラル派がめざした人種と階層の融合の夢は、リベラル派が推進した福祉政策が納税者の反乱をまねいたことで、かえって実現から遠ざかった。

「サッカー・ママ」と「マーサ・スチュアート・ママ」

アイルランド系、イタリア系のほか、東アジア系などの移民層のなかには、経済的成功をおさめて郊外に出ていくものもあらわれた。郊外の非ワスプ化である。祖父母の代にカトリック教徒として排斥をうけ苦労したとか、非主流の辛酸をなめてきた記憶が家族のどこかに残ってはいるが、経済的には豊かになり、ふだんの生活では白人、あるいは白人にとけ込んだアジア系という意識しかない、新しい郊外人の誕生である。

彼ら新しい郊外人は経済的には中産階級以上に属するが、根がリベラルだというところにかつての保守的な郊外人とのちがいがある。一九九六年にこの層の主婦が「サッカー・ママ」と名付けられ、民主党のあたらしい郊外票開拓のターゲットとなった。教育熱心で子どもをサッカークラブに入れて、熱心に送り迎えをする。学校とグラウンドと自宅をミニバンで行き来しながら、携帯電話で友人との会話に興じる三〇代の主婦だ。ティム・アレン主演のドラマ『ホーム・インプルーブメント』では、日曜大工専門のケーブルテレビ番組を自宅スタジオから放送する、「郊外のお父さん」とその家族が描かれている。この作品のパトリシア・リチャードソン演じる母親役が、サッカー・ママのわかりやすいモデルとして政治批評家のあいだで語られた。

サッカー・ママは教育熱心なだけでなく、アクティブで市民運動好きである。地域活動や環境問題にも関心が高い。ときには家事が片手間になりながら活動にのめり込む。伝統的な一九五〇年代のイメージの郊外の主婦とはちがう。インナーシティのヒスパニック系や黒人にとっては高すぎて手が出ないスターバックスも、こうした「郊外リベラル」には好まれる。民主党はこのリベラルな郊外人を中道路線で味方につけて、一九九〇年代のクリントン政権二期を乗り切った。先の分類でいえば、「移住説」が「転向説」をうわまわった格好だ。

郊外は拡大する一方だ。一九七〇年代以降、インナーシティの拡大のあおりをうけて郊外が膨張し、郊外のさらに外に富裕層がエグザーブという「準郊外」を形成した。ほとんど農村だったようなところにも「準郊外」はうまれた。ジェイシー・ペニー、ベスト・バイ、トイザラスといった衣料品や電化製品の大規模小売店が入ったモールも大型化していった。駐車場のいちばん端に停車すると、モールの入り口にたどりつくまでにちょっとしたハイキングになる広大さであり、高速道路に乗ってモールに買い物に行くスタイルも州や地域によっては日常化した。

都市が拡大して「都市寄りの郊外」ができたのにたいして、かつてのブルジョアの夢としての郊外の徹底化も進んだ。一九九〇年代以降は西海岸や中西部の高速道路沿いの遠隔地に「エッジ・シティ」という郊外が出現したが、大半は通勤圏内とはおもえないほど中心からはなれた場所につくられた。一九九八年頃から、郊外の郊外「準郊外」に住む富裕層の主婦は、前出のスチュアート的ライフスタイルをモデルに「マーサ・スチュアート・ママ」と呼ばれるようになった。子育てに一段落つきながらも、年老いた両親の介護で、医療問題に関心の高い保守層だ。環境を考える集会に参加するよりも、教会の広報誌を読み、自宅で春向けの模様替えにテーブルクロスを縫いたいのが「マーサ・スチュアート・ママ」である。

閉じられた「郊外」

そして階層をこえて出現しているのが、安全に躍起になる「セキュリティ・ママ」だ。アメリカで強まるセキュリティ意識は、郊外コミュニティを「囲う」ゲーティド・コミュニティもうみだした。フィリピンやタイなど東南アジアにある、外国人駐在員や富裕層が住むための囲われた居住地と外形上はおなじだ。途上国に多い印象があるが、これがアメリカのなかにもどんどん増えている。二〇〇一年国勢調査の居住調査では、約七〇〇〇万世帯がフェンスなどで囲われたコミュニティに住んでおり、そのうち約四〇〇〇万世帯が、暗証番号やキーカード付きのゲートやセキュリティガードがいるゲーティド・コミュニティの住人だという。多くのコミュニティで警備は二四時間体制だ。

大半が南西部「サンベルト」、ダラス、ヒューストン、ロサンゼルス圏などに集中しているが、ニューヨークのロングアイランドやシカゴ圏にも出現している。コミュニティ内の物件は分譲と賃貸にわかれるが、安価の賃貸であれば白人にかぎらずヒスパニック系などの入居もみられる。ただ、黒人だけはたとえ富裕層でも、こうした白人中心の閉じられたコミュニティには入りたがらない傾向が強く、黒人の入居率はまだ低い。

ゲーティド・コミュニティを八年がかりで調査したニューヨーク市立大学教授のセタ・ロウによれば、一九五〇年代の郊外への郷愁が根底にあるとしているが、「セキュリティ」を優先する考えが、ゲーティド・コミュニティに人々をむかわせているという。そして、それは富裕層に限られた意識ではなく、アメリカ人全体に広がっている願望だという。ゲーティド・コミュニティは一般の郊外住宅とくらべて、格段に安全というわけではないという意見もある。しかし、「安全」が感じられればいいのだ。

九・一一同時多発テロ以降、アメリカ人を支配した「セキュリティ意識」は、郊外の究極形態ともいえるゲート付きの囲いのなかにこれからは向かうのだろうか。それは都市の「エスニックな多様性」との共存とも、農村での自然との共生ともおよそ異質のもののようにみえる。インナーシティの貧困を尻目に、大衆化していった郊外は「サッカー・ママ」を生んだ。しかし、「サッカー・ママ」はかつての安定したブルジョアではない。景気が生活を左右する不安定さは、セキュリティ意識にもつながっている。

新しい移民と黒人の人口を「票」につなげることで、都市を手中におさめた民主党は、東部や五大湖周辺の工業都市諸州を民主党の優勢州に逆転させた。かつては共和党と勢力が均衡していたニューヨークでも、メトロポリタン圏「郊外」のさらに先にあるアップステイトという農村地域にまで共和党支持層を追い込んでいる。

今や郊外に入り込んできた民主党の影響を撃退する共和党の切り札はなにか。二〇世紀の政党再編をうごかしてきた移民や経済階級ではなく、それらを超越して存在するもの、とくに「セキュリティ」意識の時代になると考えている共和党関係者は、かなり鋭いのかもしれない。

第3章　南部
――怒りの独立王国

合衆国政治地図と題された1854年のアメリカ地図。19世紀半ば、奴隷制が合法な南部と非合法な北部の対立は、連邦統一の維持をめぐり、南北戦争にまで発展した。敗戦後の再建時代を経て、南部には民主党の堅固な一党支配が誕生する（*America: An illustrated History,* Time Inc., 2007）

「敵」としてのワシントン

首都ワシントンの議員会館に入っている連邦議員の部屋の前には、ポールに旗が立てられている。州旗である。「事務所開室中」のサインであるとともに、自分の州への忠誠と愛着をしめす大切な小道具だ。上院側と下院側の議員会館と、議場のほか議長や院内総務、院内幹事など役職議員の部屋が入っているキャピトルという議事堂をむすんで、トロッコのような「地下鉄」が走っている。「地下鉄」が通る明るいトンネルの天井に掲げられているのも、アメリカ五〇州の州旗である。

完全小選挙区のアメリカでは、州つまり地元への忠誠は、議員の根源的な存在価値である。慣れてくると各州旗の模様を覚える。前を通り過ぎるだけで、どの州選出の議員の部屋なのか、ネームプレートを見ずになんとなくわかるようになる。おかげで議員の出身州は丸暗記しやすい。

学校でも地域でも、とかく「愛国心」がクローズアップされるアメリカで星条旗がとても大切なものであるのは周知のとおりである。しかし、こと議員となると、州の旗の価値は、その星条旗すら上回る。優先すべきは政党のロゴ(民主党はロバで共和党はゾウ)でもない。州の旗を掲げることが、州全体の代表ではない下院議員のあいだにおいても習慣となっているのは興味深い。

アメリカの選挙戦では「二つの敵」が常に想定される。一つはもちろん対抗馬の候補者である。共和党の候補者なら相手は民主党、民主党の候補者なら相手は共和党だ。二大政党制のアメリカで、別の敵などあるのだろうか。緑の党など独立系の第三政党の候補者もいるだろう。しかし、どの大統領候補にも、知事候補にも、議員候補にも、共通して存在する二つ目の敵とは、「ワシントン」という記号である。

アメリカではなぜ知事が大統領になりやすく、市長への尊敬が強いのだろうか。日本であまり知られていないことの一つに、アメリカ民衆の「反ワシントン政治」感情がある。上下両院議員はたとえ地元から選出されていても「ワシントン政治」の象徴であり、ケネディ大統領以来、二〇世紀後半を通して上院議員の大統領は生まれにくかった。

日本にも「永田町の論理」というネガティブな言葉がある。しかし、アメリカの「反ワシントン」感情には、アメリカ独特の地域主義や、南北間の対立の歴史があいまって複雑な意味合いが込められている。非選挙年には「ワシントンの理屈」で動く政治が優先するが、選挙年には「反ワシントン」の民衆ポピュリズムが勢いを増す。

一九九〇年代から二〇〇〇年代にかけて大統領選挙をひっかきまわしてきたロス・ペローやラルフ・ネーダーらの運動は、みなこの流れによるものである。第一章で示したように、新保守主義は知識人の知的運動であった。共和党支持者にも大衆・民衆レベルでは「ネオコン」は存在しない。「民衆階級」に存在するのは高尚な「理論」をともなわない、ローカルの利益観念で、これは共和党、民主党をこえて共通する「感情」でもある。

中央の政治利権に不満をいだくマージナルな「民衆階級」は、土着の「運動の政治」を展開してきた。ここにアメリカの右派左派両方のウイングに広がる、銃規制反対運動、反税闘争などの利益団体の草の根運動のルーツと、現代の選挙キャンペーンがうみだされてきた方程式がみえる。

「南部」の独自性

さて、その「反ワシントン」をひもとく上で注目したいのが「南部」である。かつては民主党の地盤だった南部が、どうしていっせいに共和党支持に変容してしまったのか。第二章の冒頭で触れた「地図の逆転」のもうひとつの手がかりは、南部にある。

アメリカを地域ごとにみようとするとき、北東部、中西部、西部などといった分け方をする。しかし、南部はそれらと均等の一地域としてはどうもおさまらない。面積の問題ではない。文化の問題である。

よく南部に旅行すると、南北戦争の南軍旗を掲げている家や車を目にすることがある。

地元の書店に立ち寄ると「なぜ南部が正しいのか」といったような本が積まれている。南部は南北戦争をまえにして、連邦をみずから離れたことがある。アメリカ合衆国ではない、別の「くに」になることを選ぼうとした地域である。現代でもその感情は世代を経て受け継がれているし、ウィリアム・フォークナーの文学作品などにもその南部魂はみてとれる。現代のアメリカに拡散している「反ワシントン」感情とポピュリズムの根を「南部」にたどってみたい。

「南部」はアメリカ政治において巨大なキーワードである。南部をぬきにしてアメリカの政治は語れないといっても過言ではない。南北戦争以後、ニューディール期、一九六〇年代、一九七〇年代、そして二一世紀の現在も、「南部をどうするか」「南部をどう扱うか」が政治の中心的テーマだった。政党再編の主人公でもあった。

それは南部固有の歴史に由来する。広い意味での南部とは、東はヴァージニア、西はテキサスまで広がる、テネシーより南の部分を指す。南部連合として南北戦争を戦った一一州である。広い意味でというのは、テキサスやフロリダは近年のヒスパニック系移民の増大で、元来の南部文化とは異色の風土が育ちつつあり、伝統的に「ディープサウス」と呼ばれる深南部諸州とは、ときにわけて考える必要もあるからだ。深南部とはサウスカロライナ、ジョージア、アラバマ、ミシシッピ、ルイジアナの諸州である。それ以外の南部をアウターサウスと呼ぶ。

深南部とアウターサウスの違いは大きい。もともと、アウターサウスのアーカンソー人やテネシー人はヴァージニアやノースカロライナから移住してきた。一方、深南部のルイジアナ、ミシシッピ、アラバマなどには、ジョージアやサウスカロライナからの移住が流れ込んだ。つまり南部には上下二層の移住ラインがあり、これがアウターサウスの穏健さ、深南部の人種意識の根深さの根っこにある。なかでも深南部はきわめて同質的だ。横並びで同じような連帯感をもつ。一八七六年から一九四八年まで一貫して民主党を支えてきた。

北部は南部に比べればずっと多様な社会だった。東部のニューイングランドや西海岸には、ひとつの政治性だけで語りきれない都市文化、地域や州ごとの特徴がある。都市と郊外の差もあれば、移民グループごとの利害などが複雑に錯綜する。中西部にいたっては、ミネソタ州やウィスコンシン州といったリベラルな中西部北部と、アイオワ州、インディアナ州、イリノイ州南部といった保守的な内陸の中西部の差はきわめて大きい。どうして南部、とくに深南部だけが、アメリカのなかで浮き島のように単一の連帯性をもつようになったのだろうか。

奴隷制の南部

南部は奴隷の労働力に支えられた、綿花、タバコ、さとうきびなどの大規模農業を軸に発展してきた。一七九三年にコネチカット州の発明家イーライ・ホイットニーが開発した、綿花の種を抜く機械は画期的で、またたくまに綿花栽培は大ビジネスとして広まった。プランターは広大な畑を黒人奴隷なしに効率的に運営することができなかった。このプランテーション・システムは、南部の東側からテキサスやアーカンソーにわたって浸透した。

プランテーション時代に南部に埋め込まれた、黒人に対する意識や社会経済的な観念は、今でもニューイングランドや西部にはない、南部の独自性の基礎となっている。一八六〇年代までの南部では、奴隷は人間ではなく所有財産だった。したがって、逃亡奴隷を見逃したり、逃亡を助けたりすることは家畜を盗むのと同じか、それ以上のたいへんな罪だった。マーク・トウェインの『ハックルベリー・フィンの冒険』で、奴隷のジムを逃がそうとすることをハックが「地獄に落ちるようなことだ」と深刻に認識しているのも、トムが無神経にも冒険ごっこの延長として危険なスリルを味わっているのも、けっして大げさなことではなく、当時としては当たり前だった「財産としての奴隷」をめぐる描写である。

トウェイン文学は、アメリカでは人種差別を助長する文学としてしばしば誤解に満ちた糾弾を受けてきた。作品に出てくるニガーという黒人奴隷への呼び名を日本語訳の多くでは「黒んぼ」と、きわめて原語のニュアンスを忠実に再現した見事な翻訳をほどこしている。ニガーはたしかにこんにちのアメリカ社会にあてはめれば、「Nワード」としてけっして許されない呼び方である。しかし、それゆえに当時の黒人奴隷のおかれた状況が、この呼び方でよくわかる。

南北対立

南部での黒人奴隷の役割は、一九世紀半ばにいたっても依然大きかった。奴隷制を認めない北部諸州との対立は、後戻りできない深刻さを次第に迎える。商工業中心の北部はアメリカの国内市場をまもることが優先だった。そのため高率の保護関税を望んでいた。一方、南部は農産品、とくに綿花の輸出に依存していたので低関税を主張していた。商工業と奴隷労働力によるプランテーションという、いわば経済システムをめぐる対立だった。

また、北部の小規模農家は、奴隷労働力をもちいた南部の大規模農業との競争で苦しんでもいた。南北戦争でも、北軍はいちはやく南部の港を封鎖し、南部の綿花の輸出の流れを止めた。ヨーロッパに綿花を輸出することで、南部がヨーロッパから武器や工業物資を手に入れ、戦力を強化することをくい止めるためだった。綿は南部の心臓だったのだ。

ここで大切なのは、この時期、まだカリフォルニア以外の西部地域は、州として成立していなかったことである。そこで、少しでも奴隷州を増やしたい南部と、奴隷制を認めない自由州を増やしたい北部が、新しい州の獲得に向けてせめぎ合いを強めた。一八五四年の「カンザス・ネブラスカ法」がその分岐点となった。奴隷制を認めるかどうかについて、新たな州が自由に決めることができるとしたこの法律は、実際には奴隷制を追認するものでしかなかった。奴隷制の賛否をめぐって「流血のカンザス」と呼ばれる突発的な武力衝突もひきおこし、南北の対立はエスカレートする一方だった。

一九世紀中頃にかけて活発になったのが、アボリショニスト、つまり奴隷制廃止論者である。奴隷反乱をたきつけようとして立ち上がり、絞首刑になったジョン・ブラウンという人物もいたし、逃亡に成功した奴隷が仲間を南部から逃がす動きも活発だった。奴隷をニューイングランドやカナダまで逃がす「地下鉄道」という秘密組織もあった。

ミシシッピ川は北部への逃亡ルートでもあった。当時の流域は荒れ果てた茂みが豊富で、昼間はそこに身を隠し、夜間に行動することが可能だった。オハイオから北に逃げ切れば自由州だった。ケイロまでたどり着けば、オハイオ川をさらに北上して、イリノイやミシガンの都市部、つまりシカゴやデトロイトをめざせた。『ハックルベリー・フィンの冒険』でもジムが逃亡しようとしたのは、ケイロまで筏《いかだ》でミシシッピ川を南下し、それから蒸気船でオハイオ川を上るコースである。

ペンシルバニア州などでは、アボリショニストの牧師が自宅の納屋などに逃亡奴隷を一時的にかくまうこともしていた。すぐに逃げられるように、壁に穴をあけた特殊な逃げ道までつくってあった。しかし、こうしたアボリショニストの正義感に満ちた行為は、南部の農園主にとっては経済活動の基盤となる財産の「窃盗」にほかならなかった。

一八六〇年当時で、奴隷は「プライムハンド」と呼ばれるとくに頑丈な成人男性で約二〇〇〇ドル、現在の価値にして約三〇万ドルという高額だった。ちなみに一般の成人男子奴隷のことは「フルハンド」と呼んだ。なかには大工や鍛冶などの特殊技能を身につけた奴隷もいて、とくに高価格でオークションにかけられた。その下の価格帯には成人男子のフルハンドの四分の三価格で女性、高齢者。二分の一で一〇代の若年者。小さな子どもは四分の一の価格だった。いますぐプランテーションで労働力としてどれだけ役に立つかが財産価値の基準だったからだ。

深南部と「プランテーション王国」

深南部ルイジアナ州のニューオリンズに魅了された人物に、日本に移り住んで小泉八雲となるまえのラフカディオ・ハーンがいる。ハーンは一八八〇年代のニューオリンズに滞在し、地元紙の「タイムズ・デモクラット」のほか『ハーパーズ・マガジン』などの全国誌に、この土地の独特のクレオール文化を紹介する記事を書いていた。二〇代の頃、非合法な黒人との結婚をしていたこともあるハーンは、有色人種と女性をめぐる問題に関心が高く、ニューオリンズの娼婦文化に並々ならぬ知的好奇心を掻き立てられもした。

アコーディオンや洗濯板型の金属板をかき鳴らす、エキゾチックなリズムが入り交じったケイジャン音楽。その軽快な音色とマルディグラ祭の喧噪に包まれたニューオリンズ繁華街のフレンチ・クオーターをあとに、ミシシッピ川沿いに一路西へ西へと内陸に車を走らせると、沼地とさとうきび畑の景色が延々と広がる景色がつづく。一時間半ほどたつと、州都バトンルージュまでのびる一八号線沿いに、突如、木陰にかこまれた巨大な豪邸の数々があらわれる。まるでタイムスリップしたような感覚にとらわれるかもしれない。ルイジアナ南部で「プランテーション王国」と呼ばれるこの地域には、かつての大農園の一部がそのままのかたちで保存され、博物館として一般公開されている。私もかつてルイジアナのプランテーションをしらみつぶしに訪問しては、写真や記録を集めてまわったことがある。

私たちに馴染みが深いのは、南部の豪邸のイメージの象徴で、見事な樫の木のアーチで

オークアレー・プランテーション（筆者撮影）

知られるオークアレー・プランテーションであろう。『インタビュー・ウィズ・ヴァンパイア』など、南部を舞台とした映画の撮影現場としても有名だ。

しかし、歴史的により興味深いのは、クレオールの農園主（プランター）が一八〇五年から南北戦争まで、もっとも多い時期には一八五人以上の奴隷を使用してさとうきび栽培を行っていたというローラ・プランテーションである。クレオールとはフランス領ルイジアナで、一八〇三年に買収によりアメリカの一部となる以前に栄えた非アングロサクソン文化だ。フランスやスペインにくわえ、アメリカ先住民の文化も混ざり合っていた。ルイジアナ州で生まれた奴隷もクレオールとする理解もあった。クレオールは人種というよりも、スペインやフランスのルイジアナへの植民を象徴する社会的な階層を意味していた。

プランターは南部の富の象徴であり、おおきな影響力をもっていた。トーマス・ジェファーソンもジェファーソン・デイビィスも、プランテーションの農場主、すなわち奴隷所有者という顔をもっており、農場経営で稼いだ富が政治活動をささえていた。小さなところで二〇〇エーカー、広い農場では八〇〇〇エーカーの土地で、綿花やさとうきびが栽培されていた。プランテーションの多くがミシシッピ川流域にあるのは、農作物を船で輸送するためである。湿地帯の沼のあいだには、そのむかし海賊が盗品の隠し場所にしたとされるバイユーという水路がはりめぐらされている。

復刻版「プランテーション」が語るもの

一九九三年、ミズーリ州セントルイスである文書が発見された。「メモリーズ・オブ・オールド・プランテーションホーム」と題された原稿は、ローラ・ロコール・ゴアが一九三六年に書き残したクレオール農園をめぐる回顧録だった。プランテーションの衰退を見届けるまで、自分のクレオールの家系史と黒人奴隷について、赤裸々に綴っている。少女時代のある日のことを彼女はこう書いている。

ある夏のこと、コレラが猛威をふるった。ニグロが次々と畑で倒れてしまうものだから、奴隷小屋に運んでいって死なせた。弟のジョージと私は、古いリンゴの木によじ登って、青リンゴや柿をむしゃむしゃかじりながら、その一部始終をじっと眺めていた。

淡々とした書きぶりは、一九世紀半ばのプランテーションの様子だけでなく、プランテーションで育った少女時代の感想を当時の奴隷観にもとづき素直に伝えている。ながらく廃屋として放棄され、ミシシッピ川への架橋工事のために取り壊し間近だったローラ・プランテーションは、かつての農園主の末裔によって書かれた文書で息を吹き返した。今では、ビッグハウスと呼ばれる母屋のほか、四つの奴隷小屋などあわせて一一の建物が保存されている。

プランテーションは地元の観光施設となっている。修復は最低限にとどめ、当時の雰囲気を残すようにしている。プランテーションはビッグハウスも奴隷小屋も、ミシシッピ川の氾濫による洪水にそなえて床下が一段高く建築されていたため、中に入ると自分が何階にいるかわからなくなることがある。なかでもローラ・プランテーションは、納屋から寝室まで全室を当時の雰囲気のままに復元している数少ないプランテーションである。農園主一族の部屋には、穴があいた椅子まで復元されている。座面のふたをあけると洗面器のようなものが引き出しのうえにおいてある。プランター一族は、夜は寝室でこの「椅子」

に座って用をたして、奴隷に処理させたのである。

復刻版「プランテーション」では地元の学生アルバイトが働いている。あるプランテーションでは、黒人の女子学生がガイドをしていた。奴隷の作業着の衣装ではなく、ウエストを絞った当時の農園主一家の衣装をまとっている。どういう気持ちで、黒人をめぐる複雑な歴史を物語る場所でアルバイトをしているのか、率直に訊ねてみた。本人は「いいお小遣い稼ぎにしか思っていない」という。ふりふりの衣装にも抵抗感がないのだそうだ。

いまの黒人の若い世代にとって、親近感を抱けるのはおおむね公民権運動のキング牧師までであり、奴隷だった自分の祖先への心理的な距離感となると案外と遠い。彼女はみごとに丸暗記した農園主一族の肖像画の解説をすらすら早口でまくしたてると「つぎはお土産売り場へ行きます」と陽気に叫んで、カメラを首からさげた白人観光客の一団と、そこに連なる「北部州」から来た東洋人を導いた。

プランテーション時代グッズのお土産は多彩である。黒人奴隷貿易の歴史を、飛び出すポップアップという工作で「立体的に学べる絵本」から、奴隷小屋で遊ぶ子どもたちの姿を描いた段ボール紙の水彩画。黒人の人形。また、西アフリカのダホミアン族の呪術信仰を奴隷が持ち込んだとされるルイジアナ流ブードゥー・ドールという呪術人形から、マルディグラ祭でつける羽飾りや仮面まで、コカコーラなどの清涼飲料と一緒に陳列され、観光用に完全に商業化されている。それでも南部のプランテーションに注目することは、「見えないアメリカ」を知るひとつの手がかりになる。

黒人コミュニティの起源

南部白人にとってもっとも皮肉だったのは、公民権運動からブラックナショナリズムにまでつながるアメリカの黒人社会の団結力の源泉を、南部のプランテーションがうみだしたことかもしれない。

プランテーションでは、農園主一家が住む母屋ビッグハウスの裏手に、奴隷クオーターという奴隷小屋の集落がつくられた。日の出から日没まで、視界が明るいかぎり、なるべく農園に近い場所で作業にあたるようにと、奴隷は農園内で畑寄りにつくられたその囲いのなかに住まわされた。ここに奴隷たちの「コミュニティ」が形成されたのである。

奴隷所有者は奴隷同士の結婚を奨励し家族を持たせた。既婚の奴隷は独身の奴隷にくらべて逃亡しにくいと考えられていたからだ。しかし、これがさらに奴隷コミュニティの結び付きの濃さを増す結果となっていった。奴隷たちは精神的に支えあい、助けあい、腹がへった奴隷がいれば残り物の食べ物をこっそり分け与えたりもした。所有者は奴隷にキリスト教と英語での会話を植え付け、アフリカの文化を徹底的に破壊しようとした。一方、知識は反乱につながると恐れ、無学にとどめるために、英語で会話をしろといっておきながら読み書きの学習は禁じるという矛盾したことも強いた。読み書き能力は反乱を組織することに使われるという共通認識が所有者側にあった。

奴隷はいくつかの分野別にわけられていた。家事奴隷は、料理や洗濯、子育てなどを屋内で担当した女性の奴隷である。技能奴隷は裁縫や鍛冶などを任された。しかし、大半は農作業をする農園奴隷だった。

農園主は奴隷のなかから忠実な者を選び、その奴隷にほかの奴隷を監督させ、ときには罰する権利を与えるという手段も用いた。すると主人に気に入られようとする奴隷が、仲間の奴隷を密告したり、おとしめるということもしばしば起きた。また、奴隷同士の争いも皆無ではなかった。キリスト教を教育され英語を話すアメリカ生まれの若い一八世紀奴隷は、あとになって次々とアフリカから連れてこられる「新参者」の奴隷とうまがあわないことが多々あった。

「見えざる教会」と「昼間の名前」

しかし、そうしたことがあっても、奴隷コミュニティの内的な結束は強まる一方だった。夜中にクオーターを抜け出し、秘密の場所で読み書きを学ぶ「ピットスクール」という奴隷内の自発的な「学校」も地下的に生まれた。プランターには内緒であったが、どのクオーターにもひとりは文字を読める黒人がいたとされる。森のなかで、信心深い奴隷だけで営む、建物なしの「見えざる教会」も組織された。

農園主にこうした不審な動きがばれないように、奴隷同士の伝言はすべて暗号化されたメッセージとして、歌や逸話のような語り、また木に彫りつける傷のようなかたちでまわしあった。農園主は奴隷の息抜きになるだろうと、奴隷の歌や踊りを認めることが多かったからだ。ほかのプランテーションからの奴隷が参加することもあった。土曜日の夜にはクオーターで朝まで踊り歌う奴隷も少なくなかった。いまでも黒人文化と歌やダンスは切っても切り離せない。

クオーターへの情報の伝達役は、料理や子守りをビッグハウス内で担当している、女性の家事奴隷だった。プランター一家と日曜の教会に行くこともあり、読み書きを最初に身につけるのも家事奴隷だった。プランター一家の会話をきこえないふりをして盗み聞きしたりして、ボキャブラリーだけでなく最新の情報をえていた。逃亡奴隷、べつのプランテーションでの奴隷反乱、そして奴隷解放宣言についてまで家事奴隷が一家の会話を盗み聞きして、クオーターの仲間たちに第一報を伝えたのだ。家事奴隷がビッグハウス内にいることで、一家が食事でする話題から南部地域のおおよその情報や、奴隷全体の境遇の動向がわかった。

奴隷に赤ん坊が生まれると必ず農園主が名前を授けた。しかし、これは「昼間の名前」でしかなく、クオーターのなかでは奴隷の両親が別の名前を付けた。この奴隷コミュニティでの名前は農園主には絶対の秘密となっていた。奴隷の一家はしばしば別々に売りに出され、南部各州でばらばらに生き別れになることが少なくなかった。両親が名付けた奴隷コミュニティ内での秘密の名前だけが、奴隷一家をつなぐ最後の絆となったのである。

こうして、奴隷所有者が黒人奴隷を抑圧すればするほど、奴隷同士のコミュニティの結束はますます強くなっていったのである。このプランテーションの裏庭につくられた奴隷小屋クオーターが、のちに奴隷解放後には、移住先の北部の都市で黒人ゲットーへと姿を変えていく。黒人による黒人のための教会を中心に、相互扶助的な「ムラ」が都市のなかにつくられた。これはある意味で、プランテーションのクオーターの再現でもあったといえる。

ソリッドサウスの誕生

一八六一年から一八六五年まで続いた南北戦争で、プランテーションの多くは戦場となり破壊されたが、南部の産業基盤が農業でしかないことには変わりはなかった。解放された奴隷の少なからずはただただ路頭に迷い、結局のところ農園にシェアクロッパーという物納小作人としてふたたび雇われることになる。家事奴隷を中心に、奴隷の大半はプランター一家ありきの生活の習慣がしみついていたからだ。経済格差はいっこうに埋まらず、南部に残った黒人は奴隷制時代と同じように小さくかたまって暮らすしかなかった。

南部諸州の奥底には、自分たちの産業構造を否定され、戦争で破壊しつくされたという感覚が消えない。北部の言いなりにはならないという、屈折した感情が残った。ジム・クロウ法と呼ばれる黒人隔離の制度が公民権法の成立までつづけられ、人種差別は公然とおこなわれた。連邦政府が南部の隔離政策に介入すればするほど、南部人は反発を強め、黒人へのリンチを繰り返した。南北戦争以前からつづく北部に対する怨念ともいえる血みどろの連帯感の根は深い。南部の「ソリッドサウス」と呼ばれる政治的同質性の背景にはこうした事情もある。

そもそも、南部は人口構成の面でも北部に比べて同質的だった。ワスプを基本とした白人と、あとは黒人しか存在しない。ヴァージニア南端からテキサス東部にかけて、かつてのプランテーション農業が栄えた肥沃な土地に、現在でも黒人が多く居住している。これをブラック・ベルトと呼んでいる。

しかし、奴隷解放以前は、奴隷は所有財産で市民としてカウントされていなかったので、地域の「観念」の次元では南部は「白い世界」だった。ミシシッピ、ルイジアナ、サウスカロライナでは南北戦争後、黒人人口が白人人口を上回っていた。これがかえって白人の黒人恐怖を助長させ、黒人を政治的な意思決定に参加させると、力関係が逆転するという不安をよびおこした。そのため南部ではながらく黒人に投票権が与えられなかった。しかし、南部黒人の特徴として特筆すべきは、宗教的な敬虔さも手伝っての穏健な性質である。マルコムXやルイス・ファラカンのような、過激な黒人至上主義運動を嫌う人も少なくない。

政治批評家のケヴィン・フィリップスは、こうした動きのなかで民主党が深南部で絶大な支持を受けていたのは、南部における民主党は、白人優位を維持するための「人種的、文化的装置」だったからだと指摘している。現在でも南部に残る黒人は、ミシシッピ州で三六％強、ルイジアナ州で三二％強と、州内の黒人比率としてはアメリカ国内の平均からすればかなり多い。しかし、黒人選挙区におしこま

1948年大統領選。南部民主党は南部だけの独自候補を担いだ(S. Lorant, *The Glorious Burden,* Harper & Row, 1968)

れ、黒人の下院議員や地方議員を生むだけで、州全体としての影響力は多数派の白人に握られ続けている。黒人の知事や上院議員がつぎつぎとうまれるような状況にはない。

また、「反カトリック」の伝統がある南部に、エスニックホワイトと呼ばれる東欧系や南欧系の白人はなじみにくかった。アジア太平洋諸島系も少ない。全国規模では増え続けるヒスパニック系の流入が南部を変えるのではないかともいわれるが、現実にはテキサス州とフロリダ州の一部への流入に限定されていて、深南部の単一性はいまだに高い。

「ポピュリズム」の起源

ところで、南部を理解するうえで欠かせない概念の一つにポピュリズムという言葉がある。アメリカでも、現代ではポピュリズムという言葉は明確な定義なく使用されがちである。ポピュリズムという言葉が政治の領域を飛び越えて拡散しはじめたのは、アメリカでは一九八〇年代の半ば頃だった。「ポピュリズム的である」ということがファッションのひとつのように扱われ、広告のコピーに利用されるようになった。

ヒューレット・パッカードは、発売した新商品のプリンターを「ポピュリスト、大衆向けにパーフェクトなプリンター」という文句で売り出した。新型プリンターが「保守」でも「リベラル」でもなく「ポピュリスト」なのでいい商品であるという、少し強引で陳腐なメッセージは意外性としては抜群だった。また、バナナリパブリックは「メンズ向け、一〇〇%コットンのポピュリストなパンツ」を「グラスルーツの繊細さと、実直な勤労者のシンプルな感性のために」というコピーで売り込んだ。

明らかなのは、アメリカでは「ポピュリスト」「ポピュリズム」が肯定的な意味でも捉えられていることである。日本語でいうところの「ポピュリズム」が、大衆迎合主義として否定的な意味しか持っていないことと対照的である。アメリカではどうして「ポピュリズム」が肯定と否定の両義性を持つようになったのか。話は一九世紀末の一八九〇年代にさかのぼる。

一九世紀末、アメリカでは農業のありかたが変わりつつあった。それまでの規模の小さい農業にかわって、大規模経営による農業の企業化が進んだ。そのようななか一八八〇年代末、農産物の価格の下落など、アメリカの農民は深刻な農業不況の打撃を受けた。小規模の農家はたちゆかなくなっていた。

当時、農民は農業の大規模化のなかで生き残るために、相互扶助組織をつくって、共同で物資の購入や売買を行うようになっていた。この農業組合である「農民同盟」が、政治活動の基盤となっていった。南部と北部で別々に存在していた農民同盟は、農民の声を国政に届けるため、全国組織としての人民党を結成する。一八九二年ネブラスカ州のオマハで大会を開き、オマハ綱領という基本綱領を採択している。ジェームズ・ウィーヴァーを大統領候補として担いだ人民党は、第三政党として中西部の農民票を固めていった。

雑多な政党組織を母体に生まれた人民党
(Bernard Gillam, 1891)

農民たちは作物輸送に欠かせなかった鉄道料金の高さに不満をもっていた。この引き下げを求める運動を起こした。また当時、アメリカ各地では銀の産出がめざましく、インフレ政策を期待して銀貨を無制限につくれるよう求める金本位制批判が巻き起こった。これを声高に主張していたのが農民政党の人民党だった。民主党のネブラスカ州選出下院議員、ウィリアム・ブライアンもこの流れに乗り、「都市よりも農村」と、農民の擁護を掲げ大きなムーブメントとなっていく。

結局、ブライアンは共和党のウィリアム・マッキンレーに一八九六年の大統領選挙で敗退した。しかし、人民党とブライアンの民主党の運動は、農民を主役とした民衆の反発を政治運動として体現するモデルを具体的に実現した。

独占企業の支配に対する「蜂起」ともいえるこの農民運動を指して、アメリカでは「ポピュリズム」運動という。いわば「狭義のポピュリズム」である。

ロングの反ニューディール運動

「狭義」としたのはもちろん「広義」も存在するからである。平等主義にささえられた農民運動として開花したアメリカのポピュリズム運動は、「民衆の反発」を代弁する草の根の政治としてさまざまな運動にもつながっていった。なかにはポピュリズムが内に抱える「反動性」やデマゴギー的な政治もみられるようになった。

たとえばそれは、反ニューディール運動としてもあらわれた。民主党のフランクリン・D・ローズヴェルト大統領は一九三二年の選挙で、圧倒的な南部の支持を得て就任している。しかし、ローズヴェルトのニューディール政策にたいする不満の声は、一九三六年の選挙では南部支持の低下をもたらした。

ルイジアナ州知事を経てルイジアナ州の上院議員をつとめていたヒューイ・ロングは、民主党内部で反ニューディールを唱えた人物だ。一九三二年の選挙ではローズヴェルトを支援しながらも、やがて袂《たもと》を分かち、ニューディール批判を展開していく。ロングはニューディール自体に反対していたのではなく、その主張はむしろもっとニューディールを徹底させろという、ニューディールの不完全さにたいする不満だった。

ローズヴェルト当選からわずか二年後の一九三四年、ロングは「私たちの財産分配(Share Our Wealth)」という経済政策をぶち上げる。個人財産を制限する厳しい税制が基本となっていて、富裕層から搾り取って分配の財源を確保することをうたった。五〇〇〇ドルの戸別住宅交付金、二〇〇〇ドルから三〇〇〇ドルの年収、無料の初等高等教育、高齢者向け年金、などがロングの案に盛り込まれていた。まさに一部の銀行家や巨大企業にたいして、私たち「人民」の財産を分配することをめざしたものだ。

社会主義的だという批判をかわしながら、地元ルイジアナを中心に南部で熱狂的な支持をうけた。ロングの支援者によってローカルに組織された「私たちの財産分配のクラブ(The Share Our Wealth Society)」は、二七〇〇〇もの支部をもつようになった。ロングは一九四〇年に照準を合わせ、大統領をめざしていた。ローズヴェルトはこれにおおいに脅威を感じ、ロングの南部での熱狂的人気をデマゴギーだとして切り捨てた。

ロングのカリスマ的な人気には、ルイジアナという、同質的な深南部にあっても独特の特徴のある地域を地盤にしていたことも作用していた。ニューオリンズを中心にルイジアナには、クレオールの伝統からフランス語を話すカトリック系が多かった。この伝統はイギリス系が一九世紀初頭から流入しても、土台の層として根強いものを残していた。プロテスタント中心の南部にあって自分たちの理解者を求めていたカトリックは、虐げられた者の味方として登場したロングに共鳴した。

また第二に、ニューオリンズの黒人にたいする法が、ほかの南部諸州にくらべて一定の自由を許していたことだ。黒人には日曜日に休むことが認められ、日雇い的な労働で稼いだお金をためて、市場でものを売り買いすることも許されていた。こうしたことはルイジアナのしかもニューオリンズ地区特有のことで、深南部全体にみられた黒人差別の伝統からは例外的であると考えられている。

ロングの投票税の廃止も南部全体からすれば驚くべき行動だった。当時、有権者として登録するにはポール・タックスという投票税を支払わねばならなかった。この投票税の廃止は、プアホワイトにとっても朗報だったが、同時に事実上この法律によって投票権を奪われてきた黒人にも票をあたえることにつながったからだ。

つまり、ロングは一方で南部の政治家として、典型的な南部白人プロテスタントの代弁者としての顔をもちながらも、ルイジアナ州の政治家としては、カトリック系と黒人をもとりこむ幅の広い動員力を備えた、異色の独裁的な南部人であった。労働者の貧しい生活を所得の再分配で改善するという、妥協なき労働者寄りの姿勢は、南部とルイジアナの地元民には愛されても中央には政治力として脅威だった。ローズヴェルト政権には危険人物と目されていた。

一九三五年、ロングはバトンルージュのルイジアナ州議会議事堂で銃弾を受け死亡する。この暗殺によって、ロングが巻き起こした運動は未完に終わった。ロングのほか、この時期にカリフォルニア州の医師フランシス・タウンゼンドなどによって展開されたほかの反ニューディール運動に共通して象徴されているのは、貧困に苦しむ労働者や大衆が、社会主義や共産主義にとびつくのではなく、こうしたデマゴギー的な民衆ポピュリズムにつきうごかされたことであり、これがアメリカの土着保守、あるいは土着リベラルの根底に流れるひとつの型ともなっている。

「永久に人種隔離を」

ロングの死から三〇年近くのちの一九六三年、全国的にはほとんど無名だったある政治家が、突如としてアメリカ中の注目を浴びた。この年、アラバマ州知事になったジョージ・ウォーレスである。ウォーレスの就任演説を当時のアメリカ人は決して忘れることができない。「今も人種隔離を、あすも人種隔離を、永久に人種隔離を」。

人種隔離主義を守ることを叫んだウォーレスは、公民権運動に抵抗を示すことで力をつけた政治家だった。ウォーレスほど評価のわかれる政治家もいない。一方では偏狭な人種差別主義者という印象が根強く、他方では二大政党制にこだわらずに草の根の民意を反映しようとした熱血漢としての評価もある。どちらが本当の顔なのか。一九九八年に亡くなったウォーレスをめぐって、アメリカの歴史学者のあいだでも議論がさかんだ。多くの専門家が認めている共通点は、ウォーレスがロングに勝るとも劣らない生粋のポピュリストだったということである。ウォーレス流の政治のなかに、アメリカの現代的なポピュリズムがかくれている。

ウォーレスは日本と浅からぬ因縁がある。アラバマ州クリオで生まれたウォーレスは、アラバマ大学で法律を学んだ。その後、第二次世界大戦のさなか、軍隊に入り、アーカンソー州アーカデルフィアの空軍訓練場でB29長距離爆撃機のエンジニアとしてのトレーニングを受けた。派遣された戦線は太平洋。日本本土への戦略爆撃が担当だった。テニアン島から出撃し、さまざまな爆撃作戦にかかわった。八王子、富山、長岡、水戸。ウォーレスは日本を上空から眺めた。これがウォーレスと日本の皮肉な出会いだった。ウォーレスはのちに、このときの爆撃作戦を指揮していたカーティス・ルメイ大佐を副大統領候補

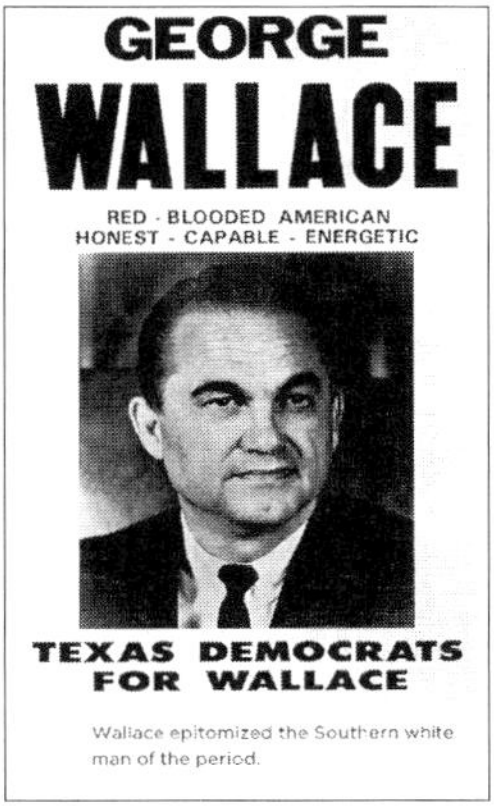

ウォーレス支持のテキサス民主党。「ウォーレスこそ南部白人の体現者だ」(J. M. Wright, *Campaign for President,* 2008)

に迎えて、大統領選挙に打って出ている。

ウォーレスは当時の南部で支配的だった民主党に所属していた。一九六四年の大統領選挙には民主党の指名獲得に名乗りをあげ、ウィスコンシン州やインディアナ州で意外な強さをみせている。しかし、一九六八年の大統領選挙では民主党を離脱する。アメリカ独立党の第三政党候補となったのである。一九六〇年代、ケネディ、ジョンソンの両民主党大統領が、公民権運動を支持する姿勢を示したことが、民主党離脱にむけたおおきな転換点となった。ジム・クロウ法という人種隔離政策をとっていた南部にとって、白人と黒人の差別をなくすようにする連邦政府の方針は、あいいれるものではなかった。

公民権運動は一九六三年のワシントン大行進でピークに達する。その勢いは全国に浸透した。南部の人種主義白人はこれに強く反発した。白人と黒人を融合させることは望ましくないと、当時の南部の白人層は信念をもって主張していた。彼ら白人層を支持基盤としていたウォーレスは、公民権賛成の政党になってしまった民主党にとどまることはできなかったのである。

人種主義の政治利用

ウォーレスの人種主義は複雑で巧妙だった。公の場では人種差別的な言辞を発しない。

人種隔離が南部のやり方だということを主張するだけ。もちろん個人としてのウォーレスは当時の南部白人特有の偏見にまみれていた。ウォーレスの伝記『怒りの政治』を記した歴史家のダン・カーターも、ウォーレスが黒人を能力的に劣った人種だと本気で信じていたきらいがあると結論付けている。

根底にあるのは黒人という人種に対する恐怖心だった。とくに黒人の腕力と精力に注目していたことがうかがえる。性病にかかっている人間は大半が黒人だ、というウォーレスの発言をみても、黒人による性的暴力への根拠のない嫌悪感がみえかくれする。バス通学により公立学校で黒人と白人の子供を統合させる当時の政策について「社会的に混ざることにつながる。ひいては異人種間結婚を許すことになる。われわれ白人が衰えていく」と語っている。

1866年ペンシルバニア知事選の民主党ビラ。黒人への恐怖心の選挙利用の歴史は長い(P. J. Ling, *The Democratic Party,* Thunder Bay, 2003)

もっとも、これらは私的な会話が表に出たものである。公の場で黒人をあからさまに馬鹿にする発言はしなかった。ウォーレスがどこまで本当に人種主義者だったのかについては諸説ある。

しかし、好むと好まざるとにかかわらず、ウォーレスは人種主義者に愛された。白人至上主義的な組織や右翼的な組織は、こぞってウォーレスを支援した。これには、ウォーレスが隔離主義とともに反共主義を強烈にアピールしていたことも深く関係している。ジョン・バーチ協会、クー・クラックス・クラン、ホワイト・アクション・ムーブメントなどは、ウォーレスの集会に押しかけてはエールを送った。

一九六八年一〇月、ニューヨークのマディソンスクエアガーデンで開かれたウォーレスの集会は混乱状態に陥った。ルイジアナ州から遠路やってきたクー・クラックス・クランのキャラバン隊のほか、アメリカ・ナチ党のメンバーなどがマンハッタンに集結。トロツキー世界労働党や「民主的社会をもとめる学生（SDS）」などの極左的リベラル派の学生と黒人たちがウォーレス支持者に罵声を浴びせた。

「反中央政府」ポピュリズム

ウォーレスが人種をめぐる対立を政治に利用したのは、間違いない。黒人にとっては、ウォーレスは人種主義者にしか見えなかっただろう。しかし、ウォーレスの運動の奥底にあったメッセージは、人種主義とは別のものだった。「中央政府」「官僚」「インテリゲンチャ（知識人）」「特権エリート」。これらへの強い反発こそがウォーレスの運動のテーマだった。

ウォーレスのコアな支持層は、公民権運動の恩恵とは無関係な白人ブルーカラー労働者と農民だった。インフレを加速し、経済を停滞させていたヴェトナム戦争にも彼らは反対していた。極右団体が好む「反共」より、目先の生活だった。「ヴェトナム戦争の遂行のしかたはわかるのに、自転車もまっすぐ駐輪できない奴ら」。ワシントンの「ベスト&ブライテスト」と称された外交エリートを小馬鹿にする、ウォーレスによる知識人エリート批判は南部では大いに受けた。

ウォーレスは、心情的には白人至上主義というよりは、労働組合を支持するニューディール的民主党をこよなく愛した生粋の民主党人でもあった。その民主党が、一九六〇年代、黒人の権利や文化問題に熱心に動くことが我慢ならなかったのである。そして、ウォーレスを支えたのは、自分たちが愛していた民主党が、黒人問題ばかりにとりくむ「エリート」の政党になってしまい、労働者をないがしろにしているとの民衆の感情にあった。極右集団はウォーレスにとっては勝手な応援団だった。

一九六三年、黒人学生のジェームズ・フッドとヴィヴィアン・マローンのアラバマ大学入学をめぐって衝突がおきた。隔離主義を頑固に守ろうとする知事のウォーレスは、入学を阻止するために、州兵を率いて大学の門の前に立ちはだかった。このときアラバマにあらわれ、入学を認めるよう求める大統領布告を読み上げたのが、ニコラス・カッツェンバック司法副長官である。

ウォーレスにとって、ワシントンから使いでやってきたカッツェンバックになど用はなかった。テレビを通して南部全域にアピールすべき敵は、「違法で不当な行為をする中央政府」だった。テレビ報道でこの姿をみた南部白人の脳裏に強く刻みこまれたのは、黒人を嫌う白人至上主義者の姿ではなく、連邦政府に立ち向かう頼もしい南部人だった。

ウォーレスの運動はたんに南部の黒人蔑視をめぐるものと理解すべきでない。一九六〇年代の「主流」から心理的、文化的に疎外されたものたちの「怒りの連帯」だった。「怒り」を梃《てこ》にした、アメリカの南部化でもあった。ウォーレスの運動は驚くべきことに、アラバマをこえ、南部をこえ、北部の都市部ブルーカラー労働者にも支持を広げた。アイルランド系、イタリア系などの労働者層が同調したのである。目先の生活に苦しむ彼らは、まぎれもなく民主党支持者だった。ウォーレスの大統領選挙を支えていたのは、中低所得者層からの一〇ドル、二〇ドル単位の小口献金だった。

ウォーレスの人気に火をつけたのは、その愚直なまでの正直さであった。NBC放送の「ミート・ザ・プレス」に出演したウォーレスは、全国放送でも「南部の論理」を臆することなくまくしたてた。アラバマ州が黒人に投票権を認めていないことをめぐる批判に、ウォーレスは次のようにやり返している。「アラバマにはユートピアは存在しない。ニューヨーク市だって、レイプや強盗や銃撃が怖くて、住人がセントラルパークを夜歩くことすらできないではないか」。北部のエスタブリッシュメントには、頑固な人種主義者としか映らなかったが、ウォーレスの支持層のあいだではこの「ミート・ザ・プレス」の発言がいっそう人気を高めた。

ウォーレスは結局、一九六八年の大統領選挙で共和党ニクソンの勝利を止めることはできなかった。結果としてウォーレスが成し遂げたのは、南部の白人労働者を民主党から離脱させたことだった。ウォーレスが掘り起こした「怒れる白人票」は、その後ほとんど共和党に吸収され、ここに共和党と民主党の勢力の逆転の足がかりができあがった。横並びの南部では、雪崩をうって動きが起こると早い。南部の共和党化に火をつけたウォーレスは、共和党には感謝されてしかるべき人物である。

急進的なポピュリストは、暗殺の対象になりやすいのだろうか。のちにウォーレスは暗殺未遂にみまわれる。一命はとりとめ車椅子生活で余生を送った。後年、ウォーレスは、知事時代の人種隔離主義を誤りと認め、アラバマ州セルマで黒人指導者たちと手をとりあってもいる。黒人の元公民権運動家と、それを弾圧した白人のポピュリスト元知事。それは、一九六五年にセルマから出発した公民権運動のデモ行進を、アラバマ州当局が催涙ガスなど実力行使で鎮圧した「血の日曜日」事件の「同窓会」だった。パーキンソン病にもおかされていたウォーレスは、この和解的「同窓会」の三年後にこの世を去った。

ウォーレスは晩年に変わったのだろうか。悔い改めたのだろうか。それとも、もともと人種問題を政治利益のために表面的に利用しただけで、黒人に心のなかで詫びていたのだろうか。あまりに激しい政治人生を歩んだジョージ・ウォーレスについて、少なくともいえることは、常に感情に正直だったことだ。経済的に疎外された境遇にあるひとたちの立場に敏感に反応する力があった。そして、北部と連邦政府だけには、ただでは従わないという、生粋の南部人だった。

南部政治家の新しい処世術

南部人ウォーレスのポピュリズムは、その後アメリカで死に絶えたのだろうか。ウォーレス的な「広義のポピュリズム」は、かたちをかえて受け継がれた。

ウォーレスをモデルにした、ブルーカラー労働者や農民の怒りを票につなげるポピュリズムの手法は、スケールダウンされたかたちでその後も残った。しかし、真の「ポピュリスト」だったウォーレスとは異なり、のちの政治家と政治コンサルタントにとっては、ウォーレス的なポピュリズムは、多くの場合「手法」「戦略」にすぎなくなっていった。一九三〇年代のニューディール・リベラリズムにも一九六〇年代のカウンターカルチャーにも神通力をみいだせなくなった民主党、また新たな保守連合の物語を必要としていた共和党も、立ち返ったのはポピュリズムだった。一九八〇年代にめざましい活躍をみせた黒人活動家のジェシー・ジャクソン、キリスト教福音派のクリスチャン・コアリションのパット・ロバートソンらの宗教家の言説にも、エスタブリッシュメント、大企業、ワシントンへの反発のレトリックがみられる。

新たなポピュリズムの動きを決定的にしたのは、一九九二年の大統領選挙だった。民主党のビル・クリントンと大富豪で独立候補のロス・ペローという二人のポピュリストの登場である。アメリカの政治の流れにクリントンを位置づけたときに、その役割として特筆すべきは、一九七〇年代以降「エリート」の政党になってしまった民主党を、「怒れる白人労働者の政党」に戻すこと、つまりポピュリズム性の復活に挑戦したことだった。南部アーカンソー州で継父の家庭内暴力に悩まされる複雑な環境に育ったクリントンには、ポピュリズムを語る「権利」があった。そして何より南部人だった。

もちろん、アーカンソー州出身とはいってもクリントンは、ジョージタウン大学を経てローズ奨学金でイギリスに学んでいる「エリート」である。ウォーレスのように地元南部の大学を卒業しているわけではない。反エリート主義が強い南部では、ニューイングランドの教育機関やイギリスへの留学が「エリート」の象徴であるという悪印象はいまだに根強い。実際、二〇世紀初頭のアイビーリーグの大学は、プレップ・スクールの卒業生で三分の二が占められていた。

プレップ・スクールとは、フィリップス・アンドーヴァ、フィリップス・エクセター、ホッチキスなどの半全寮制のハイスクールである。そのほとんどがニューイングランドに存在していることが、昔からアイビーリーグへの人材供給源であったことをうかがわせる。マイノリティや外国人留学生に門戸を開いて大衆化したのはごく最近のことで、伝統的にワスプの子弟を預かっていた。日本的な意味での進学校とは異なり、純然たるエリート養成機関である。寮生活のなかで、フェンシングやボートなどのスポーツから絵画などの芸術までオールマイティにこなさせ、紳士淑女を養成する。映画『いまを生きる』(一九八九年)でロビン・ウィリアムズが演じたのはこのプレップ・スクールの教員である。

そこでもとめられるのは、社会的なある「クラス」を代表する教養とスタイルであり、大学に入るための学力スコアなどではなかった。それは最低限のことであり、むしろラテン語とキリスト教の学習に象徴される古典教養が欠かせなかった。いいかえれば、ニューイングランドの寄宿生活を通して身につけるのは、アメリカの本流として、ワスプ的なクラブ社会の伝統を受け継ぐエトスとエリート主義の肯定だった。

だから、アメリカ社会に根付くつもりのない、アメリカン・エリートとなるわけではない外国人は、どんなに頭脳明晰でもかつてはプレップの趣旨から外れる生徒としてみられていた。秀才養成が目的ではなかったからだ。世界中から子弟を受け入れ、インターナショナルなエリートネットワークの育成を狙う、ジュネーブなどの国際的な寄宿学校ともこの点で色彩を異にしていた。ラルフ・ローレンのボタンダウンシャツの裾をセーターの下から出し、ブレザーをノーネクタイでカジュアルに着こなす「着崩し」ファッションも、プレップから生まれていなければ、ただのだらしない格好でしかない。

プレップは大衆化をこばむニューイングランドの閉鎖性のシンボルでもあったが、アイビーリーグとともに民主化が促進されてきた。アイビーリーグは二〇世紀前半には、はやばやと入学枠の大衆化に踏み切っている。現在ではプレップからの入学は縮小傾向にあり、南部の高校からの入学者も多い。クリントンもW・ブッシュも東部のアイビーリーグの大学、ないしは大学院を卒業している。出身大学まで南部にこだわることは、最近の南部政治家にとっては酷になりつつある。二世議員であれば、テネシー州が「地元」だったゴアのように育ちはワシントン近郊にならざるをえない。

オールド・ボーイ・ネットワークという同窓組織を通じて東部エスタブリッシュメント

に認めてもらい、他方で地元にかえっても南部人に好かれる存在であり続ける。こういう器用なことがもとめられるようになったことが、ベビーブーマー世代とポストベビーブーマー世代の南部政治家に、新しい「二正面のポピュリズム」を処世術として身につけさせた原因のひとつだろう。

ウォーレスのように南部だけを愛していればいいわけではない。南部人の顔と東部エスタブリッシュメントの顔を、つかいわけなくてはならない。いきおいポピュリズムは、ウォーレス的な土着の南部人と共有する本音の怒りの感情から、表面的で戦術的なものへと変質をせまられた。怒っていないのに怒っているようにみせなければならない。「疑似ウォーレス」をモデルに、ポピュリズムはおかしな方向に舵をきっていった。

レトリックのポピュリズム

「エリート」政党としてみられがちな現代の民主党は、共和党以上に、大統領選挙の候補者組み合わせで、大統領候補か副大統領候補のどちらかに南部人を入れたがる。NASCARのレースをクアーズビール片手に鼻を赤くして一緒に観戦できるような気さくなオヤジであることが大切である。まさに民主党の「脱スターバックス」「クアーズビール化」であり、少なくとも「南部文化にフレンドリーな」北部人でなければいけない。

そこで一九九〇年代からキーワードとして流行したのは「ミドルクラス」だった。「経済こそが大事だ」としたクリントンのキャンペーンは、まちがいなくレーガノミックスの分け前から疎外された層に救いの手を差し伸べる階級闘争だった。しかし、大企業や富裕層に批判の矛先を向けながらも、貧困層、黒人や女性などのマイノリティの救済について語るのではなく「ミドルクラスのために」という不思議なレトリックを用いた。「ミドルクラス」とは誰のことなのか。範囲枠をあえて明確にしない曖昧な言葉は、アファーマティブ・アクション制度の「逆差別」から疎外されたと感じているすべての人を対象にしていた。もちろん、中間所得層を想定してはいたが、「自分は分け前にあずかっていない」という自覚があれば、黒人でも誰でも、虐げられた「ミドルクラス」の仲間になることができた。こんな自己定義的な便利な言葉はない。

同じく南部テキサス人として、かつてのウォーレスのファンに近い保守層の支持を得たのがロス・ペローだった。それは二大政党と既存のワシントン政治家に対する反乱の政治だった。「レーガンの共和党は、政府介入を減らさなかった。ブッシュ・シニアは増税しないと約束したのに嘘をついた」。共和党支持層のこうした不満をペローはすくいとった。未熟練の低賃金労働者の味方を貫き、アメリカ経済への長期戦略なしに、徹底的に近視眼的な保護貿易のレトリックを展開した。NAFTA（北米自由貿易協定）には断固反対を貫いた。

お定まりのレトリックなのにアメリカの選挙民はポピュリズムを好む。「人民」「反エリート」「ミドルクラス」。ポピュリズムのキャンペーンは方程式化し、コンサルタントによるレトリック研究のドル箱となっている。ポピュリズム性が候補者のどこかにないと、選挙で勝つのはとても難しい。大きな選挙になるほどその傾向が強い。これが知事や市長が、連邦議員よりも民衆に深く愛される根底にある。知事や市長はローカルのリーダーであるが、連邦議員は半分は「ワシントンの人間」とみなされやすい。そのため連邦議員は「ワシントンの人間」のレッテルを貼られないように、一時間でも多く地元にいるようにする。地元の行事に参加しなければならないからではなく、ワシントンに無駄に長く滞在することが地元を代表する政治家失格のイメージを生むからである。

議員の家族も例外ではない。ミシェル・オバマは二〇〇八年にCNNのラリー・キングの番組で、バラク・オバマ上院議員夫人としての「ワシントンでの生活」について訊ねられ、返し言葉で「私はワシントンには住んでいない。シカゴの住人だ」と強く反論した。配偶者ですらそうせざるを得ない風土がアメリカにはある。議員は「ワシントン」に染まってしまっていないか、常に選挙民の監視にさらされている。

アメリカの政治家は「ワシントン」というレッテルを貼られることが致命的である。選挙年になるとそろって「自分はワシントンには染まっていない」「対抗馬はワシントンにまみれている」と唱える。知事や市長の大統領候補であれば、上院議員の相手候補を攻撃するには、もってこいのフレーズだ。改革とはワシントン政治を変えることの代名詞であり、つねに悪役はワシントンである以上、ワシントンの在勤年数はかならずしも利点として受けとめられない。そこで議員の候補にやむをえず必要なのは、ワシントンにいたのはローカルの利益のためだ、という論理である。

「反ワシントン」色が明確であれば、ローカルのマシーン政治や、州利益優先が問題視されることは少ない。「ワシントン」という仮想敵としての記号は、政治家と陣営スタッフにとっては便利な言葉であり、一方でより深刻な問題から目をそむけさせる煙幕的効果ももちあわせている。

聖域としての黒人問題

かつてウォーレスが利用した人種をめぐるポピュリズムは今後どうなるのか。一般的にアメリカで「人種問題」というと黒人と白人の問題を意味してきた。映画の世界では、クー・クラックス・クランを賛美する『国民の創生』が、クランがふたたび勢いをもちつつあった一九一五年に公開された。黒人男性から白人女性を守る、自警団としてのクランズマンが美化して描かれている。連邦政府と公民権運動の視点から、人種隔離主義の激しかった深南部を描いたものとしては、ジーン・ハックマン主演の『ミシシッピー・バーニング』（一九八八年）が刺激的な話題をふりまいた。ここでは南部ミシシッピ州は地元白人や保安官が黒人への差別やリンチを黙認する「異国」として描かれ、ここに乗り込む連邦政府は正義の味方という二分法が成立している。

「人種問題」と「移民問題」は、別の軸で展開してきた。少なくとも選挙の集票の現場ではそのようにとらえられてきた。

一九六〇年代の公民権運動から、人種といえば黒人問題であり、政治の現場でも黒人と深く付き合い、黒人文化に接して彼らの苦しみを共有していないかぎり、安易なリベラル思想で気楽に扱ってはならないアンタッチャブルな聖域としてあつかわれていた。黒人アウトリーチの部屋だけ大部屋と切り離されて別に設置されていることが少なくないし、スタッフも黒人を中心とした自己完結的なチーム編成が多い。

いちばんやってはいけないのが、黒人英語や黒人のラップを表面的に真似ることである。きわめて「リベラル」で、マイノリティ問題にも率先して汗を流してきた民主党のスタッフの仲間が、食事の席で黒人の喋り方を真似して、目の前の黒人スタッフと一触即発になったことがある。彼は自分の黒人社会への理解を、黒人文化の摂取量のアピールで親愛の情を示したにすぎない。悪気はない。白人なのにこれだけ黒人の音楽を聴いている、だから自分はリベラルなのだ、という心情だ。しかし、黒人でない人間が黒人を真似することは、黒人に慣れ親しんでいる「リベラル」な若年層ほど、無意識に巻き起こすトラブルとなっている。複雑な歴史をもつ黒人側の平均的意識は、脈絡のないものまねを笑い飛ばすまでには追いつきようがないともいえるし、安易な片言文化交流の危険性も物語っている。

他方、べつの民主党の熱心な活動家の友人に、テキサス出身でニューヨーク在住の女性がいる。国際経験も豊かでアフリカにボランティアで長期滞在していた。会うと必ず口にするのが叔父の悪口である。テキサスの一家はむかしは民主党だったがいまでは、ほとんど共和党支持者だという。「叔父はクランのメンバーで、私に黒人の友達がいることも嫌っている。マイノリティから政治家が出ることも嫌っている」と語る彼女は、こういう家系のなかで私だけは違うということをくりかえし強調する。

人種差別をのりこえようという前向きなメッセージが、民主党のリベラル系の白人層を公民権運動の参加へとうながしてきた。その作用がときに強まると、社会保守派の白人層をことさら悪く罵る激しい発言につながることがある。それは家族内の保守派に向けた攻撃であっても、外国人で顔が東アジア系である私や、隣に座っていた黒人の友人に向けてのなにか衝動に似た心の叫びであるように常に感じられた。この話になると彼女はときに涙を流すことがあった。そこで私にできることは、アメリカの人種をめぐる歴史の重さと、彼女が吐露する言葉の一つ一つをしっかりと受け止めることでしかない。

人種問題から移民問題へ

こうした根深い人種問題は、移民問題ともいまや切り離せない。「移民問題」とは、古くはアイルランド移民排斥のネイティビズム運動から、現在では増え続けるヒスパニック系などの「新しいアメリカ人」、不法にアメリカの社会に入ってくる不法移民との共存をめぐる問題だ。

二〇〇五年にアカデミー作品賞を受賞した映画『クラッシュ』は、人種と移民の交錯地点の「現在」の描写に挑戦した作品だ。人間の尊厳、憎悪と愛を扱ったヒューマン群衆劇であるが、マルチエスニックなアメリカを掘り下げた秀作である。ロサンゼルスを舞台としたこの作品は、ストーリーを正しく理解するうえでも、登場人物の台詞の「意味」を解釈するうえでも、移民問題の予備知識をかなり要する。いままでの人種をモチーフにした映画と根本的に違うのは、人種、移民、アラブ系という「他者」の問題を一本に交差させて描いている点である。

同時多発テロ以後に顕著になったアラブ系への憎悪、黒人の東アジア系にたいする侮蔑などマイノリティ序列。ヒスパニック系やアジア系などエスニック集団内の経済格差、アジア系内部の不法移民幇助《ほうじょ》、ヒスパニック系の揺れるアイデンティティなどが複雑に盛り込まれている。プエルトリコ系とエルサルバドル系を両親に持つ白人系ヒスパニック女性刑事リアと交際する黒人男性刑事グラハムは「自分は白人と付き合っている」と屈折した自慢をする。グラハムはヒスパニック系のリアを、白人というカテゴリーで意識したがる。異人種間交際がいまだに日常化していないことを逆に物語っている。

また、ヒスパニック系はどうせすべてメキシコ系であろうと安易に分類される現状、黒人が白人社会のなかで「求められた黒人の理想像」を演じることで、地位向上を現実的に勝ち得てきたやりかた、黒人社会内部の経済格差などもテーマだ。人種差別的な白人警官が黒人に恨みをもっているのは、割当制度の「逆差別」で職を追われたプアホワイトを実父にもってのことだった。黒人への表面的シンパシーの有無だけで、人種差別主義者かどうかを判断することがいかに愚かで偽善的かも描く。ヒスパニック系を軸に人種と移民の問題がまざりあうロサンゼルスを舞台に撮影しなければ成功しなかった作品である。

変わらない「二項対立」

かつての南部の「怒りの政治」が、変形的に応用されたレトリックの政治としてしのびよるとすれば、この移民と人種の交錯点はおおきな狙い目となるだろう。ヒスパニック系を中心に問題となっているのは、不法移民の公教育、運転免許証交付などをめぐる是非だ。移民の流入が、犯罪の増加や、麻薬やエイズの蔓延とむすびついているという議論もある。共和党は不法移民と合法移民を別問題としているが、不法移民はヒスパニック系や中国系などごく一部のエスニック集団にかたよっている。不法移民攻撃が、結果として特定の移民排斥を追認するかのような錯覚をおこさせるとすれば危険だ。

メキシコ移民を例に考えれば、一九九四年に発効したNAFTAによって、長期的には自由化による経済効果でメキシコの国内雇用が増え、アメリカへの移民が減ることが期待されていた。ところが、現在のところメキシコからの不法移民が減る気配はない。国境パトロールに膨大なコストを強いられている。小売業や建設業などで安価な労働力がもとめられている反面、アメリカの労働者の職を奪うことにもなりかねない。教育、医療、生活保護のコストがかさむなか、移民合法化推進と不法移民取り締まり強化の両派の綱引きは、狭い範囲での右左対立の議論に限定されている。

デマゴギーとしての顔と、しいたげられた労働者の代表としての顔。両方をあわせもつ南部発のポピュリストは、北部への反発ともからみあって発展してきた。かつてのロングやウォーレスのように、経済的にしいたげられたものの感情をすいあげるかたちで表現されるポピュリズム運動に、未来はあるだろうか。ポピュリストにはつねに急進的で、危険な側面がつきまとってきたのも歴史が示すところだ。そこには、つねにスケープゴートがうまれることへの黙認があった。

たとえ労働者のためとはいえ、南部社会の黒人をスケープゴートにすることの黙認は、一九六〇年代以降民主党に流れ込んできたリベラル派には許せないことだった。二〇〇〇年代末を迎えたいまでも、民主党のリベラル系批評家のなかには、保守的な深南部をもはや集票対象そのものから切り捨ててしまえという議論までうまれている。

ポピュリズムは皮肉にも「労働者の政党」民主党を分裂させた。南部は白人労働者が新たに支持した共和党の地盤となり、民主党との勢力地図は完全に上下逆転した。結局のところ、共和党が保守政党化し、保守的な南部白人が出ていった民主党がリベラル化しただけだった。

新しい世代の南部の政治家と、その手法を真似する北部の政治家は、ウォーレスの「怒りの政治」をレトリックとしてとりいれ、「反ワシントン」の大風呂敷を広げ続ける。しかし、そこで繰り出されるのは、選挙戦術としてのレトリックのポピュリズムだ。「ポピユリスト的」な政治家はうまれても、保守とリベラルの二項対立にくみしない、第三の道としての下からの運動のポピュリズムはなかなか成果をみない。

第4章　信仰

――共同体にひそむ原理主義

葬式で説教をする黒人牧師。19世紀以降、バプティストを中心に黒人の敬虔なキリスト教信仰は独自の発展を遂げた。コミュニティの絆を強めたほか、公民権運動の原動力になったことで間接的にほかの政治運動にも影響を与えた（John Antrobus. 1860）

ヒスパニック化するカトリック

「きょうは45番、115番を歌います」

ボランティアの地域の学生たちが当日のミサに歌う賛美歌の番号プレートの追加をボードに掲げている。ミサで歌う賛美歌は歌集につけられた通し番号で呼ばれる。一回のミサで六曲から七曲、その日に歌う予定の番号がボードにあらかじめ示される。日曜日の午前の日差しに反射して光るステンドグラスの下では、オルガンやアコースティックギターなど楽器の調整もはじまっていた。この日、ヴァージニア州アーリントンの聖チャールズ・ボロメオ教会で、私は午前一一時の回のミサに参加させてもらった。

宗派の信者数は社会情勢で増減する。かつて主流派中心だったアメリカのプロテスタント教会は、南部の経済発展に伴い、サザンバプティストが影響力を南部の外に拡大するようになっている。一方で、二〇〇〇年代以降、改めて注目されているのがカトリックだ。かつてカトリックは、アイルランド系、イタリア系などの遅れてやってきた移民の宗教として、白人アングロサクソンのプロテスタント教徒から低くみられていた。選挙ではカトリック票といえば、エスニック票と同じことを意味する。エスタブリッシュメントからすればアメリカの白人社会では、白人エスニックという「傍流」の象徴だった。

そのカトリック関係者が意気軒昂である。ヒスパニック系人口の増大で、カトリック教会の勢力がこれまでになく拡大する可能性があるからだ。カトリック教徒が多いヒスパニック系の流入は、かつてアイルランド人がプロテスタント社会のアメリカに流れ込んできたとき、また二〇世紀初頭にイタリア人移民が増えたときと同じぐらいのインパクトをもって、カトリック教会には位置づけられている。

アーリントン郡のこのカトリック教会も、ヒスパニック系の信者が増えている。左側の前から五列目ほどに席をもらった私は、ヒスパニック系向けに用意されたスペイン語版の歌集を眺めながらミサの開始を待った。人口の増大を受け、数百人を収容できる大型の教会堂が設計されている。ガラス張りの二階席付きだ。野球場のVIP席のようなガラス張りのボックスのなかには、小さな子供をつれた家族が席を確保していた。子供の泣き声がミサで響かないように、乳幼児を抱える親は二階席に足を運ぶ。

一一時一〇分前くらいからみるみるうちに席が埋まり、ミサの開始までに最後尾までぎっしり満席となった。子供たちが中央に集められ別室に連れていかれる。日曜日のミサはバイリンガル・サービスが基本となっている。一時間ごとに、英語のミサとスペイン語のミサにわけられている。私が参加したのは英語のミサの回だが、ヒスパニック系の割合はそれでも三割以上にのぼった。

司祭のジェラード・クリードン氏は、大型チャーチのすみずみに声が届くように、インカムのようなワイアレスマイクを耳に仕込んで壇上に立つ。まるで歌手のライブコンサートのように、大型スピーカーからクリードン司祭の声がきこえてくる。司祭はジョークを交えながら信者の気をそらさないようにする。

「ヴァージニア州を出てワシントンの内部に少しでも入ると、交差点で車に道を譲ってあげたときの反応がおかしい。相手は故障でもしたのではないかと思っている。道を譲るという発想がそもそもないから、私が何をしているのかわからずに、ドライバーは発車もせずこちらを覗き込んでいる。せっかく譲ってあげたのに。公共善の心を忘れないようにしたいもの。ワシントン！　なんとも恐ろしいギスギスした街！」

出席者の笑いを誘ったところで、絶妙のタイミングで音楽担当に合図を送る。聖歌のギター演奏になだれ込む。私は驚いた。かつて訪れたことのある深南部の福音派メガチャーチに、話法や雰囲気が似かよっていたからだ。ベースやドラムに指揮する、パープルのガウンをなびかせる司祭の姿は、さながらバンドのリーダーだ。音楽の高揚を宗教的一体感につなげようとする手法は、黒人教会の見事な応用だった。カトリックがヒスパニック系を新しい主体とする宗教として、近代的設備の大規模教会とともに生まれ変わりつつある。

強い宗教性

アメリカの宗教性は、巡礼父祖のピューリタニズムに源流があるとされる。白人アングロサクソン以外の移民の多様性が広まれば、アメリカの宗教性は薄まっていくのだろうか。しかし、現実にはますますアメリカの宗教性は強まっている。反共移民であるキューバ系以外、貧困率の高いヒスパニック系は民主党支持の割合が多いが、信仰心の強さは共和党に集う保守派と大差ない。アメリカで宗教が根強いのはなぜなのか。

ギャラップ調査によれば、二〇〇〇年代に入ってもおおむね八五％前後のアメリカ人が、自分の生活にとって宗教が重要と答えており、この割合は過去半世紀変わらない。ホテルの枕元の引き出しのなかに聖書が入れられていることにたいし、聖書をコーランにかえろと抗議する人はいるかもしれないが、聖書がなぜ置かれているのかを根底から疑問視する声はほとんどない。政教分離の原則があるはずなのに、宗教性をアピールする政治家も多い。

アメリカにおける政教分離とは、特定の宗派だけを依怙贔屓《えこひいき》にして、ある宗派を国民に無理矢理おしつけることを禁じたものだ。政治家が宗教に熱心になることを禁じているわけではない。リベラルな「世俗派」の主張も、宗教のものさしで行政や立法を行うことに反対しているだけだ。政治から宗教色を除去する「無神論的」潔癖性とは異なる。「リベラル」も宗教の重要性は認めている。その意味で、アメリカの強い宗教性は「保守」「リベラル」を横断する国民的な特徴だ。この背後には「市民宗教」とよばれる象徴としての神の存在がアメリカにはある。

宗教を軸にした大学選択

割合としては少ないが、宗教を基準に進学する大学を選ぶひとたちもいる。モルモン教徒、原理主義的なプロテスタント教徒、そして敬虔なカトリック教徒である。モルモン教徒はユタ州のブリガムヤング大学に進学するが、高校の成績があまり芳しくない生徒は、アイダホ州などユタ州外にある分校に進学する。南部には原理主義的なプロテスタント教徒の大学が多数あるが、有名なもののひとつにサウスカロライナ州のボブ・ジョーンズ大学がある。ここは一九九〇年代まで、聖書の教えにもとづいてとの理由で異人種間の恋愛が禁止されていた。アメリカ国内でも原理主義性が有名な大学である。

興味深いのはカトリックの子どもたちの進学先である。カトリック教徒はカトリックのための学校制度を歴史的に独自につくりあげてきた名残が今でも強い。中流階級以上の敬虔なカトリック教徒の家庭の子どもは、私立のカトリック高校に通う。公立高校と異なり、祈禱も日常的に学校内で行われるし、賛美歌隊などの部活動が奨励され、信仰色のきわめて強い学生生活を送ることになる。ボーイスカウトやガールスカウトの活動に課外時間をあてるティーンと同じように、カトリック教徒には地域の清掃活動から建物の補修の手伝いまで、教会が主催する奉仕活動に参加する子どもたちも多い。

映画『クルーレス』や、ドラマ『ビバリーヒルズ高校白書』など一九九〇年代の映像に描かれる、モールでのショッピングとドライブ、恋愛の駆け引きに終始するマテリアリズムに彩られた高校生活というのは、たしかにアメリカのティーンの興味関心の一部ではある。しかし、こうした世俗色を前面に押し出した「ビバリーヒルズ」の偶像化は、中西部や南部の保守的なティーンの生活の実態と乖離があるがゆえに、アメリカの平均的ティーンのあいだでヒットした。日曜日になると両親に教会に「連れて行かれる」生活をしているティーンにとって、世俗的なテレビドラマは日常生活に風穴をあける空気孔でもある。

大学にもカトリック信仰の影響は滲んでいる。統一テスト（SAT）のスコアや学校の成績平均（GPA）がほぼ満点で、課外活動の評価も抜群、アイビーリーグのトップ3であるハーヴァード、イエール、プリンストンのほか、シカゴ、スタンフォードなどの名門を受験すれば確実に合格するのに、出願しないひとたちがいる。あえてカトリック色の強い大学を選ぶ高校生である。民主党全国委員会の委員長を務めたテリー・マコーリフが通ったことで政治関係者の間でも有名なカトリック大学はこうした高校生の進学先のひとつとして著名だ。

ビル・クリントン大統領の母校であるジョージタウン大学も、実はきわめてカトリック色の強い大学である。私のカトリック教徒の友人にも出身者が多いが、皆きわめて優秀だ。彼らは「最初からカトリック系以外の大学を進学先として考えたことはない」という。力試しで受けたアイビーリーグに合格しても辞退する。

アメリカの大学の評価ランキングを、日本と同様の方法で単純に偏差値のように並べられない理由として、学問分野の評価が千差万別で、有名大学でも大学院や分野により評価がかなり揺れることはよく知られている。それとともに忘れてはならないのは、宗教を軸とした大学選択が、日本の事情とは比べ物にならない深いレベルで浸透していることだ。ジョージタウン大学のカトリック教徒には、ハーヴァード大学の凡庸な層よりはるかに優秀な学生がいるし、これとおなじことはブリガムヤング大学などについてもいえる。

世俗主義の源流

もちろん、現代の大学のキャンパスは全体としてきわめてリベラルな空間だ。アメリカの世俗主義の源流は大学である。しかし、それも大学の宗教性が、かつてアメリカの高等教育ではあたりまえだった現象への逆作用としてうまれたものだった。たとえば、ハーヴァード大学はプロテスタントの伝統を長年保持し、二〇世紀初頭までカトリック教徒とユダヤ教徒の入学をいちじるしく制限してきたほどである。

そのような潮流に反発して、アメリカで最初に非宗派の大学として出発したのは、一八六五年に設立されたコーネル大学だった。それは設立者のひとりで初代学長のアンドリュー・ディクソン・ホワイトの「科学の自由な探求は宗教の存在価値をおびやかすものではないが、宗教は科学の探求に害となることがある」という考えに支えられていた。大学の学問を宗教の影響、とくに資金面から切り離す必要性を組織的に真剣に考えた最初のアメリカの大学知識人でもあった。

注意したいのは、信仰そのものを否定していたわけではないことだ。ホワイト自身、エピスコパル派のプロテスタント教徒だった。ホワイトは、共同設立者のコーネルと自分が熱心なキリスト教徒であることをさかんに強調している。それでも反発は予想をこえたものだった。ニューヨーク州議会の反発をはじめ州内にコーネル大学を問題視する声がひろがった。ホワイトはこう回顧する。

攻撃はしだいに深刻となった。敵意にみちた決議案がいろいろな宗教団体に提案された。りっぱな聖職者たちは、まず第一に、この大学の〈無神論〉、次いで〈無信仰〉、最後には〈信仰無差別〉について、おごそかに信者に警告を発した。誠実な牧師は、この大学に入学しないようにと青年たちを説得した。(『科学と宗教との闘争』)

ホワイトが著した『科学と宗教との闘争』、またJ・W・ドレイパーによる『宗教と科学の闘争史』という二冊の本は、一九世紀のアメリカの知識人の間で、学問の宗教からの独立を促すうえで大きな役割をはたした。当初は科学の自由な追究を認める環境づくりにその目的があった。しかし、著作や講演で彼らの言説が広まるとともに、それまで「聖書がすべて」と信じていた一般の人たちにも少しずつ覚醒作用をもたらすようになった。

プロテスタントの主流派教会の反応は複雑だった。リベラルな教会は、聖書を全否定できないとしながらも、文字通りの事実ではなく啓示的な寓話として理解して、解釈しなおす第三の道も模索した。人間がもとは類人猿であり、六日目に創造されたわけではないという考えは、容易に受け入れられるものではなかったが、一部の教会に柔軟な対応がうまれたことはアメリカの世俗主義の進展を後押しした。

こうした世俗主義の浸透の結果、大学の宗派主義は少なくなった。また、アメリカの現代の大学町は、強く宗教的な大学でないかぎり、どんなに保守的な州でも浮き島のように風土がリベラルだ。大学のキャンパスはアメリカの一般社会とは異質の「コクーン」である。たとえば、アイオワ州は福音派の影響が根強い保守的な農業州だが、アイオワ大学のあるアイオワシティだけは州内でも極端にリベラルである。テキサス大学のあるオースティンもテキサス全体の保守的な風土とはかけ離れている。

こうしたことは、大学町のおもな住人が大学の教職員関係者によって占められていることと深い関係がある。高学歴に民主党支持者が多いことは否めない。しかし、政治思想がリベラルな人ばかりが研究者になるわけではない。経済学を例にみてみればケインズなりフリードマンなり、依拠する理論によって支持政党はわかれる。歴史学でもオーソドックス派、ニューレフト派など、冷戦解釈ひとつにしても研究者によって政治姿勢は多様だ。

つまり、根本にあるのは、自然科学、人文など分野を横断してすべての学問、学派につながる、聖書の文言よりも学問的な真実の探究に忠実にあろうとする「世俗派の起源」としてのアカデミズムの存在である。その意味では、共和党、民主党、どちらの支持であろうとなかろうと、いかに保守的な学説を展開しようと、アカデミズムというのは、アメリカにおいては、聖書に文字通りに従わないという一点で、根っこの部分にある種の「リベラル」な性質を文化的には抱え込まざるをえない。

経済・軍事などの分野で保守的な理論を展開し、財政保守、新保守主義者(ネオコン)

として共和党を支持する研究者も少なくない。しかし、社会的な信仰や価値の問題もふくめて、宗教的にも強烈に保守的であり続けようとすることは、保守的な経済理論や思想を構築している科学としての学問研究の存在基盤そのものを究極的には揺るがしかねない。それゆえ、大学町というのは、支持政党や党派にかかわらず、社会面ではリベラル色の強い土地柄となりやすい。

共和党員ならばキャンパス内にも存在するが、宗教右派となると稀だ。大学がおおむね「リベラル」だというのは、民主党支持の多さのことだけではなく、宗教に科学の邪魔をさせないという意味で宗教的に「リベラル」だという意味合いも隠れている。

リベラルの信仰心

一般にアメリカでは、宗教は「保守」のものであり、共和党が敬虔なキリスト教徒の政党であると理解されがちだ。信仰心の割合において間違ってはいない。たしかに、白人プロテスタントを中心に共和党支持が圧倒的に高い。二〇〇〇年代の投票行動を見ると、教会に毎週通う有権者の間では、共和党支持率が民主党支持率を二〇％以上も上回っている。しかし、アメリカの宗教性の強さを考えるときに、忘れてはならないのが「リベラル」の信仰の強さもまた否定できないことだ。そこでは「社会運動」が宗教との触媒になっているのが特徴だ。

宗教はアメリカのさまざまな分断とも密接に関係している。たとえば奴隷制をめぐる宗教の南北の違いがあった。北部の宗教組織は奴隷解放運動を裏で支えていたし、とくに女性信者を中心にクェーカー教徒などがその役割をはたした。女性信者が熱心だったのは、奴隷解放が女性の解放と参政権につながることが連想されたからだった。メソジスト、バプティスト、プレスビタリアン、いずれも北部の教会だけ、奴隷解放に積極的だった。

民主党ロバート・ケネディとカトリック教会尼僧の支持者（B. Eppridge, *A Time It Was*, 2008）

一九七〇年代はじめに社会的に活発だったのは、ヴェトナム反戦と宗教のむすびつきだ。クェーカー教徒は徴兵忌避と北ヴェトナムへの食料と医薬品の援助をよびかけた。バプティスト教会の多くが「神なき共産主義」との戦争を支持するなか、主流派やカトリック教会のなかには反戦を標榜する教会も多くなっていった。

しかし、なかでも「リベラル」の宗教とのかかわりで特筆すべきは、一九六〇年代に展開された南部黒人バプティスト教会の公民権運動だ。黒人教会は公民権運動のデモやシットインという座り込み抗議の作戦を練る場でもあり、キング牧師を筆頭に牧師がこれらの運動を主導した。背後で支援していたのは、北部の主流派やカトリック教会だった。黒人教会の運動に資金やボランティアを供給していたのだ。黒人教会運動のタフさの裏には、北部の非黒人系教会の支援があった。一方、南部の福音派教会は逃げ腰だった。福音派の伝道師ビリー・グラハムは黒人運動に理解は示していたが、表向きにそれを表明することはできなかった。

黒人にとって信仰は欠かせないものだ。プランテーションのクオーターのなかでは、奴隷同士で結束する心理的な触媒だった。南部や中西部のプロテスタントでメガチャーチ化が著しい現在でも、黒人教会は小教会の隣接密集型が多い。黒人社会のなかで知識階層の典型的な生業は牧師だった。一九二〇年代にはハーレムではわずか一五〇ブロックのなかに一四〇もの教会があったとされる。黒人思想家のデュボイスは「ハーレムは教会過剰だ」と述べたことがある。

クリーブランドの黒人ゲットーのシーダー・アベニューも「福音通り」として有名だ。多いブロックには向かいと隣に別の教会がある。ほとんど黒人バプティスト教会である。日曜日の教会は黒人社会でのハレの場でもあり、一張羅の毛皮でめかしこんでくる女性もいる。ここをキャンペーンで訪れた民主党の白人スタッフが「教会がスターバックスみたいにある!」と叫んだことがある。ニューヨークはブルックリン出身のイタリア系の二〇代の若い女性スタッフにとって、ブロックごとに乱立しているものはなんでもスターバックスにみえるらしい。

また、カウンターカルチャーのひとつとして栄えたものに、仏教やヒンズー教などキリスト教以外の宗教への目覚めがあった。一九七〇年代には、曹洞宗の流れをくむ禅センターがサンフランシスコに設立されるようになる。早朝、五時から七時までの座禅と読経に参加したのは、当時はヒッピーが中心だった。自営農場で無農薬野菜を栽培して、玄米パンと菜食を徹底した。いまでもカリフォルニアの富裕層には仏教徒が少なくない。自宅のフローリングに金ぴかの仏像を持ち込む人もいれば、仏陀の肖像画を壁や天井に埋め込んで、家族で座禅を組むなど、「アメリカ化」されたアプローチも当時と変わっていない。根底に東洋文化や哲学への興味があり、ヨガマット

「人種差別根絶を」。宗教指導者を用いて投票を呼びかける2000年ゴア/ヒラリー陣営の黒人キャンペーン (Council of Black Elected Democrats)

や座禅で使う「坐蒲」も西海岸から流通がはじまった。

つまり、なんらかのかたちでの信仰への関心は「保守」「リベラル」ともにもつものであり、福音派信者やキリスト教原理主義は保守派や共和党に多いものの、必ずしも信仰そのものが「保守」の専売特許ではない。「リベラル」にも信仰を熱心にきわめようとする人たちは多い。ニューエイジやベジタリアンのライフスタイルには、リベラルの「信仰」への接し方に別の意味での激しさもうかがえる。キリスト教の神を信じないとすれば、いったいなにを信じていけるかという深刻な模索がそこにはある。

アメリカの「無神論者」

アメリカには「無神論者」も存在する。数は少ないが、私の友人にもいる。シカゴ大学で博士課程の外交史ゼミで机を並べて以来一〇年の付き合いになる友人もそのひとりだ。ユダヤ系の父親とフランス系の母親をもつオレゴン州出身の研究者である。日本研究の学者だった父の影響で東アジア史に関心を持ち、コロンビア大学卒業後、シカゴ大学大学院に学んだ。同期のメキシコ人留学生と結婚し、日本語や韓国語のほかスペイン語やフランス語も解する国際派である。日本とのつながりも深く、富山県で市役所の招聘職員や英語教師をしていたことがある。シカゴの寮の部屋にも、富山で保育園を訪れたさいの記念写真と園児手製の折り紙と似顔絵が、大切に飾られていた。

「無神論者」は彼のような国際的な視野をもったインテリに多い。無神論者が共産主義者だというアメリカの保守派の攻撃には誇張もあり、共産主義者はたしかに無神論者にならざるをえないが、その逆はかならずしもあてはまらない。つまり、無神論者がつねに共産主義者というわけではない。彼はその好例だ。非共産主義の無神論者は、例外なく世界の宗教に非常に詳しい。あらゆる宗教や宗派を深く勉強し、神が存在しないとの結論に納得ずくで到達した人たちであり、政治イデオロギーの帰結として宗教に嫌悪感を抱くわけではない。

興味深いのは、彼はユダヤ系の血もひいていることだ。もちろん、ユダヤ教徒は母系なので、父親がユダヤ系だった彼は厳密な意味ではその範疇には入らない。しかし、私のこれまでの印象では「無神論者」は、ユダヤ系の知識人で世俗色が強いひとのなかにとくに多いように感じられる。マルクス、ニーチェだけでなくフロイトなども無神論の系譜にある人間中心主義の知識人であった。アメリカの「無神論者」もほぼ例外なく教養のある社会階層に属している。しかし必ずしもリベラル陣営というわけではなく、リバタリアン的な経済保守派のなかにもわずかながら存在する。

彼はネイティブ同士の英語の電子メールや文章を一読しただけで、その人がどの程度深い信仰を持った人なのかをよく当ててみせた。「この人のメールは宗教的だ」というようなことを口走りもし、そしてほぼそれは的中していた。「無神論者」というのは、ある意味で「宗教の臭い」にきわめて敏感なひとたちである。日本人の感覚でいう「無宗教」とはまったく異なる。アメリカの「無神論者」は膨大な思索を経た上でその考えに到達しているので、洞察と知識をもって堂々と自説を主張する。

また、神学的な命題の真偽の認識そのものが不可能だとする「不可知論者」もきわめて少ない割合ながらアメリカに存在する。日本人全般に平均的にみられる宗教との付き合い方は、死後の世界や神の存在を認識することはできないのだとするこの「不可知論」にやや近いが、それとて「無神論者」と比較してどちらに近いかというだけであり、いずれも平均的な日本人がそれを名乗ると、アメリカでは誤解を招くことになる。いずれも宗教への深い知識と論証がいる。その意味で、神の存在を否定する「無神論」も「不可知論」も、神をめぐってなんらかの立場を決めねばならない宗教的な社会風土の範疇にある。「神にも宗教にも無関心」という立場を決め込めない、アメリカ社会の強い宗教性を逆説的に反映しているようにみえる。

「原理主義」的な影

ここでうっすらと浮かび上がってくるのが「原理主義」の影である。原理主義といってもテロリストのことではない。何かひとつの原理に忠実にありたいという姿勢のことで、過激で暴力的であることはかならずしも意味しない。ここでいう原理主義とは「何かを強く信じたい」という衝動であり、世界観を明確なひとつの「原理」に還元していく生き方である。

これが保守層では福音派信仰として芽生えるし、リベラル層ではニューエイジあるいは無神論に傾くこともある。いずれも「何かの原理に依拠する」という姿勢は同じに見えるのだ。この原理主義は、宗教以外の世界にも感じとれる。同性愛の権利、フェミニズムなどは、リベラル派に芽生えたカウンターカルチャーという名の「原理主義」の系譜にあると理解できなくもないし、市場経済の「原理」はアメリカを貫く柱だ。

かつてウィスコンシン州スペリオルでナショナル・パブリック・ラジオの系列局で短期間、取材助手を務めたことがある。人口わずか二万人程度の小さな町で、隣接するミネソタ州ドゥルースと双子のような町を形成している。助手という便利な立場もあってか、規模の小さい局でなんでもやらされた。スタジオで天気予報原稿を私が読んでいてもクレームが一つも来なかったのは、きっと聴取率が低く誰も聴いていなかったからか、電波が悪くて音が聴き取りにくかったからだろう。スペリオル湖畔の町を拠点に、ウィスコンシン州とミネソタ州の各地に取材で足をのばすなかで、この地域をめぐって二つのことを痛感させられた。

一つは単色な人種意識だ。南部や都市部では普通にいる黒人が、中西部の非都市部にはほとんど存在しない。スペリオルとドゥルースも白人が九二％強、黒人は一・六％にしかすぎず、アメリカ先住民の二・四％弱より少ない。先住民は、アメリカでチェロキー族やナヴァホ族につぐ人口のオジブワ族がこの地にかねてから住んでいる。地元ミネソタ大学が先住民の学生を積極的に受け入れて教育強化をはかっているが、先住民の失業率はなかなか改善しない。

二〇世紀初頭からフィンランド移民が住み着き、フィンランド系コミュニティとしては世界最大規模だ。ノルウェー系とスウェーデン系とをあわせて白人全体の三〇％以上をしめる。生まれてこのかた黒人と会ったことも話したこともないという人も少なくなく、一九九〇年代にしてアジア人の私のことを珍しがる人もいた。利害をともなう人種対立をもたないことによる無垢なリベラルさが、中西部内陸のリベラリズムの基礎にある。「多様性への抗体がないので、非白人移民が増えれば絶対にとつぜん保守的になる」と、西海岸や東海岸で、多様性のコストと向き合ってきた大都市のリベラル派は猜疑心を隠さない。

中西部と銃社会

さて、もう一つは銃をめぐる観念だった。銃への強烈な愛着というと南部をイメージするかもしれない。実際、南部諸州は銃規制をめぐる法律が緩い。しかし、銃所持に肯定的な風土が、中西部のリベラル諸州でも根強いことは意外な驚きだった。なかでもミネソタ州やウィスコンシン州は北部でも指折りのリベラルな地域だ。近年の民主党でも、もっともリベラルな上院議員だったポール・ウェルストンはミネソタ州選出だった。

周知のように、アメリカでは銃による事件があとをたたない。高校や大学で学生が犠牲になる事件が頻繁にある。報道が落ち着くとまた忘れられてしまう。そのたびにアメリカで紹介されるのが、犯罪が起きるのは、犯罪に走る人、あるいは犯罪者を作り出した社会に問題があるという声である。銃でなく刃物でも犯罪は起きるわけで、武器すなわち銃そのものを規制しても犯罪抑止にならないという論理だ。

銃規制に関する法案を阻止する利益団体の力は強い。一八七一年に設立された全米ライフル協会（NRA）などが、合衆国憲法修正第二条をたてに銃の所持と使用の権利とを訴え続けている。

これまでアメリカでは様々な銃規制の試みがなされてきた。世論の盛り上がりは、著名人の銃による殺害で起きやすかった。ロバート・ケネディ、マーティン・ルーサー・キン

「NRAのロビイストから今日にも小切手が手に入るから（議会を塞ぐ銃の犠牲者の）死体を排除しよう」と語る議員。議会を縛る強力なNRAのロビイング（John Klossner, 2008）

グ牧師、ジョン・レノンなどが銃で命を落としたことが気運を高め、一九六八年に連邦銃規制法、一九八五年に銃砲所有保護法が成立した。

いよいよ大幅な銃規制が進展するのではないかと期待されたのは、一九八一年にレーガン大統領への狙撃で負傷し障害を抱えることとなったジェームズ・ブレイディ元報道官夫妻の銃規制運動への参加だった。この動きは、クリントン政権のブレイディ法案にもちこまれた。しかし、このときアメリカの銃規制推進派は、アメリカの銃文化の根強さをいまさらながらに思い知ることになる。

レーガンは保守派が近年でもっとも愛した大統領だ。経済保守、宗教保守、軍事強硬派のすべてのグループから好かれた。そのレーガンを、身を挺して守り車椅子生活となったブレイディは、まさにレーガン政権のヒーローだった。さすがの銃規制反対の保守派も、そのブレイディに面と向かって抵抗しにくいだろうと思われたのである。ところがガンロビーは、銃購入前に五日間の身辺確認を行うというだけのブレイディ法案にも、断固反対の姿勢を崩さなかった。たとえレーガン本人が障害を抱えるほどの重傷を負っていたとしても、NRAは銃所持を訴え続けたにちがいない。これは一筋縄ではいかないと、銃規制派はようやく思い知った。

ハンティング文化

銃規制反対で語られるのは「規律のとれたミリシア（民兵）が、それぞれ自由な州の安全に必要であるため、人民が武器を保管し、また携帯する権利は、これを侵してはならない」という修正第二条を楯にした、「自衛の権利」の主張だ。西部開拓時代から、アメリカ先住民や野生動物の襲撃に備えるために自衛としての火器の使用はアメリカの文化に刷り込まれているというものである。

現実的にはこの修正二条解釈は時代錯誤的という見方も少なくなく、ミリシアというのはこんにちでは排外主義的な白人至上主義とむすびついた、武装集団を指すことが多い。一九九五年のオクラホマシティでの連邦ビル爆破事件の犯人、ティモシー・マクベイらは、このミリシアの深い影響を受けていた。映画『ボウリング・フォー・コロンバイン』

(二〇〇二年)で銃文化を描いたマイケル・ムーアも、「黒人を恐れる白人の防衛」という独自の人種仮説も加え、おおむねこの線で銃所持権利派を切り捨てた。

ところが現実はもう少し複雑である。銃をめぐる賛否は、共和党、民主党をこえた、アメリカ固有の文化に根ざした問題で、「アカデミック・リベラル」と「土着リベラル」でも見解が割れる。原因は狩りを行う「ハンティング」文化の根強さだ。

アメリカでは州法で認められた範囲で、シカや野鳥を狩りに行くことは、かなり広く浸透しているレジャーやスポーツだ。ごく一部以外では猟銃に触れることのない、現代の日本社会の観念からすると想像を絶する浸透度である。リベラルな民主党支持者であるはずのウィスコンシン公共放送のマイク・サイモンソン記者は「ハンティングはアメリカの伝統。自然との対話だ。父親が道で自動車の運転を教えるように、森で息子に教えるもので、暴力的な銃マニアのものではなく家族的スポーツだ」と擁護する。

このハンティング文化が銃規制推進の足を引っ張っている。穏健な北部諸州の民主党員のなかに、銃規制が勢いを増すといずれハンティングにも規制がかかるのではないかという懸念がぬぐえないからだ。NRAはハンティング文化をハンドガンなどの銃砲全般への規制反対のなかで巧妙に利用してきた。あくまで全米「ライフル」協会であり、全米「マシンガン」協会ではなくハンティング愛好のスポーツマンのための団体だというレトリックである。

銃規制は、武器としての銃を取り締まる犯罪抑止運動と、自衛の権利を主張する「ガンロビー」の対立軸の構図で語られてきた。しかしこれにくわえて、銃をめぐってはもう一つの争いが水面下で激しい。動物愛護主義のアニマルライツ派によるハンティング批判である。二〇〇八年、ウィスコンシン州北西部ポプラーの小さな中学校が論争に巻き込まれた。この中学校では、地域のハンティング文化を紹介する写真を展示していた。理科教師のラス・ベイリーが、「安全にハンティングに親しもう」という趣旨で行ったクラス活動だった。生徒が一年を通して捕らえた、鹿、熊、ガチョウなど五二点の写真である。

これに動物愛護（アニマルライツ）で有名な団体PETAが猛攻撃をしかけた。校長に「暴力推奨以外のなにものでもない」と、展示を取りやめるように申し入れを行うなど運動を展開。これが地元ハンターたちの怒りを買い「カリフォルニアに帰れ」という大合唱に発展した。PETAの過激な徹底ぶりは「魚を殺すことも許されない」という主張にあらわれている。釣りも野生動物の殺傷にあたるというのである。ハンター人口がアメリカに比べて少ない日本の感覚からしても、魚釣りまで鹿や野鳥狩りと一緒にしてもらっては困るという感情があろう。しかし、現実にアメリカにおけるハンティングは「家族で楽しむ自然との対話」とされている以上、ちょうど日本の魚釣りの感覚と似ている。渓流釣りや湖釣りで使うルアーも銃と同じであり、銃はたまたま人も殺せるが、動物を殺している点では釣りも同じという理屈なのだ。

しかし、過激なアニマルライツの運動は、銃規制を後押ししているようでいて、犯罪抑止をめざした武器としての銃規制には、結果として逆効果になっている。「地域文化を理解してもらえない。ハンティングの伝統が危機にさらされている」という困惑を、中西部だけでなく、サウスダコタ、ノースダコタ、モンタナなどハンティング愛好諸州に増幅させているからだ。

こうしたハンティング愛好地域の素朴な「地域文化の否定」に対する反発と不安が、NRAなどのガンロビーとむすびつくことで強大な銃規制反対の流れになっている。これがアメリカで銃規制が進まず、「リベラル」なはずの民主党もいまひとつ規制に本腰を入れようとしない隠れた理由のひとつだ。銃規制に本腰を入れれば、確実に中西部票を失う。民主党のニューヨークの各陣営でも、犯罪防止に関心の高いマンハッタンでは銃規制に触れてもよいが、都市圏外や他州では銃の話は安易にしてはならないといわれていた。

おなじリベラルでも、アニマルライツ派が銃犯罪の抑制運動に熱心に合流する気配は少ない。彼らは動物実験や狩りの撲滅という、あくまでシングルイシューにしか興味がないのである。結果として、原理主義としてのアニマルライツ運動が、銃所持権利の原理主義をいたずらに刺激している。保守ヒーローのレーガンが狙撃されようと「それとこれとは別」として一切銃規制に応じようとしない保守派と、リベラルも同じ構造的問題を抱えている。

同性愛への憎悪

原理的な信仰は憎悪にもつながる。たとえば、政治経済をめぐる問題が山積みで、世界情勢も緊迫するなか、なぜ同性愛者の結婚の是非のような問題が大統領選挙を揺るがす議題としてアメリカで大きく論じられるのか、疑問に感じることがあるかもしれない。権利の要求をめぐる運動は、それを阻む動きや憎悪が原動力となる。激しい運動を行っている集団には、それを阻む激しい動力が根っこに存在する。

アメリカの根底にある同性愛者への憎悪は凄まじい。休憩時間に使っていたトイレの落書きに驚かされたことがある。日本と同じでアメリカにもトイレの落書きがある。大半は他愛もない独り言だったりするが、なかには過剰に政治的なものもある。今でも忘れられないのは、「民主党のスタッフには同性愛者がいる」という内容の中傷の落書きだ。日本語に訳すこともはばかられる薄汚い罵り言葉で長々と綴られたその落書きは、雑居ビルのほかの階に入っていた、選挙に関係ない一般のオフィスに勤務する何者かのいたずらとみられた。

ニューヨークで選挙を担当するまで、私は同性愛者の問題については門外漢だった。皮肉にも、同性愛者への興味関心や理解が増したのは、同性愛者への憎悪の激しさに、選挙運動の過程で直面したからだった。なぜそこまでして憎む必要があるのか。アメリカ特有の憎悪の激しさには違和感もおぼえた。底流には宗教的な性道徳にささえられた反同性愛感情がある。アメリカでは一九六二年まで、ソドミー法といって生殖目的以外の口腔性交などを法的にすべての州で禁じていた。その後も深南部諸州は頑としてこの法律を廃止せず、テキサス州のソドミー法を違憲とする最高裁判決が出されたのは二〇〇三年のことである。

一九八〇年代以降、エイズも同性愛への偏見の道具となった。周知のように、エイズは同性愛者の病気ではない。ただ、オーラル性交の粘膜刺激が、ＨＩＶ感染に無防備だったことから、流行の初期には西海岸を中心に同性愛者の発病率がきわめて高かった。これを受けて、同性愛者はエイズ撲滅と感染者の人権を訴え、製薬会社に研究の情報公開をもとめるなかで、ＨＩＶ陽性感染者団体「アクト・アップ」などと連携して運動してきた。

しかし、この運動が火に油を注いだ。それみたことか、やっぱり同性愛とエイズは一緒ではないか、という偏見を招いたのだ。同性愛とＨＩＶ感染がまったく別の問題であることをあえて示さないと、同性愛バッシングにエイズを利用する宗教保守のレトリックを食い止められない。そのためには、同性愛者がエイズ問題をおもな関心事としてアピールすることは逆効果だった。さりとて、仲間に多い感染者のための運動を放棄することもできない。同性愛への偏見は、こうしたジレンマともからみあって拡大してきた。

落書きは一例にすぎない。実際に陣営には多くの同性愛者がおり、アウトリーチ担当の私の同僚スタッフのなかには同性愛者もいたし、カミングアウトもしていた。もともとの無関心と裏表に、偏見もまるでなかった私は、すぐ彼らにとけ込み、自宅のパーティにも招かれ、同性愛者のライフスタイルや価値観を深く理解するようになった。

それは「同性愛である」という性的指向をこえた、社会的な迫害ともいえる憎悪との対立で強められていったアイデンティティの成熟であった。同性愛者であることを両親に告白し認めてもらうパーソナルなレベルを超越し、同性愛者を認める文化をアメリカ社会に植え付ける「運動」への成熟である。同性愛結婚の合法化を求める運動はその結晶だ。ただ同居しているだけでは満足できない。社会的にこれを「結婚」だと法律でも認めてほしい。自分たちは社会のエイリアンではない、という訴えである。

こうした動きには、民主党議員の多くも賛同するのを尻込みしている。ミニマムの「権利」つまり公民権を保護することには同調できても、同性愛者が理想とするような社会にするために結婚の定義まで変えていくことには、中道派を中心に慎重だ。民主党は常に権利や利益をめぐるシングルイシューで悩まされてきた。公民権運動はジョンソン政権下で大きな成果を残した。しかし、集団は「保護」に満足すると、要求がどんどんエスカレートしてくる。集団の要求をどこまでのんでいくかは、民主党内でも意見が一致しない。

キリスト教原理主義の終着地

W・ブッシュ大統領と大統領を顧問としてささえたカール・ローブが有名にした言葉に「福音派」がある。大統領がボーン・アゲインという、生まれ変わったように信仰心にめざめた福音派のキリスト教徒ということで、その宗教性の政権への影響が議論を呼んだ。しかし、福音派という言葉が原理主義そのものと混同され、カルト的なイメージをともなって一人歩きしたことは、多くの穏健な福音派キリスト教徒にとっては迷惑だったに違いない。

おそらく現存するアメリカの原理主義教会のなかで真にもっとも過激なのは、カンザス州トペカにあるウエストボロ・バプティスト教会である。フレッド・フェルプス率いるこの教会はメンバーがわずか一〇〇人程度の、家族を中心とした小さな集団で、一九五五年に誕生した比較的あたらしい教会である。バプティストを名乗っているものの、主流のバプティスト教会からは「無関係である」として異端扱いされている。ローマカトリック教徒、ユダヤ教徒、イスラム教徒などほとんどすべての異教、異宗派を憎悪の対象としているが、「神の摂理に反し死に値する」として、同性愛者のバッシングをおもな教会の活動としてきた。

信仰が深い者どうしが宗派をこえて連帯をゆるやかにつくりつつあるこんにちのアメリカにあっても、こうした教会は他のすべてのキリスト教を否定してかかる。まさに原理主義の究極形態であるといってよい。同じプロテスタント、なかでも福音派への批判は熾烈をきわめる。福音派のテレビ伝道師として有名だったジェリー・フェルウェル、パット・ロバートソンらのことを「神が嫌っている」と痛烈に批判している。ビリー・グラハムの集会を取り囲み「同性愛に甘い福音派は地獄に堕ちろ」と攻撃もしてきた。

また、信心深いことや、同時代のアメリカ社会から遊離していることではおなじ境遇にあるはずの、アーミッシュへの敵愾心《てきがいしん》も凄まじい。アーミッシュとは電気や車を使う生活を拒否している再洗礼派のプロテスタントだ。外部との接触に寛容な改革派もいて、私もペンシルバニア州の村に滞在したことがある。アーミッシュに理解がないのはたいていリベラル派で、保守的な人は馬車生活には首をかしげながらも信仰に生きる姿勢に敬意を示すことが多い。それだけに、ウエストボロ・バプティスト教会のアーミッシュ批判は保守派を驚かせた。

ウエストボロ・バプティスト教会が、保守陣営内部で立場を完全に孤立させたのは、二〇〇〇年代に入ってからだった。同性愛者のイラク戦争戦死者の葬儀を取り囲み「同性愛の兵隊は死んで当然」というピケを張る運動を展開したことによる。軍属の同性愛者を徹底的に調べあげ、戦死するとそのつど全国どこでも飛んでいき、遺族が葬儀に参列する横で嫌がらせのようなデモをする。

この種の原理主義教会に共通する行動パターンとして、家族連れで動くことが特徴的で、意味がまだよくわかっていない子供にも「同性愛者は地獄に堕ちろ」「神は同性愛が大嫌い」というプラカードを持たせる。子供に小さな白い三角頭巾とシーツのような服を着せて、手をつないで結社の集会に参加するクー・クラックス・クランに行動がよく似ている。主張の過激さとは裏腹に、まるでピクニックのように家族仲睦まじい。

キリスト教と愛国心が反目するとき

イラク戦争の戦死者への冒瀆は、保守派の「愛国心」の琴線にふれ、ネオコンをはじめ保守陣営全体を敵にまわした。このキリスト教原理主義のイメージダウンは、かつての禁酒運動、進化論論争をめぐるスコープス裁判（テネシー州の高校生物教師が、州法に反して進化論を教えたとして罪に問われた）の再来であるかのように語られ、二〇〇〇年代後半、宗教保守がブッシュ政権内で急速に勢いを減じたのと軌を一にしていた。保守系メディアによる原理主義教会バッシングも激しさを増した。二〇〇六年六月一〇日、FOXニュースのジュディ・バンデラスによる、聖書をもちだしてのウエストボロ・バプティスト教会広報シエリー・ヘルプス・ローパーへの中継インタビューは、演出の次元を超えた激しい罵り合いに発展した。

FOXアンカー「あなたの神について話しましょう。九・一一同時多発テロの発生、米兵の死亡、エイズの蔓延を神に感謝せよ、といっているのはどういうことでしょう。むしろ、あなたが主流の教会を代表していないことに感謝したいくらいだが」

ローパー「ほかの神と混同しないでほしい。すべて神のお言葉であり判断だ」

FOXアンカー「説教したいなら説教していただきたい。どの聖書を読んでいるのか。聖書に戻りましょう。レビ記一九章一八節に……」

ローパー「違う、レビ記一九章一七節だ。罪を犯したものがいれば、戒めなければならない、とある。罪を抱えたままでは、地獄に堕ちるということだ」

FOXアンカー「聖書がいっているのは、ゆめゆめ復讐するなかれ、汝隣人を愛せではないか。あなたこそ悪魔だ。たいへんな聖書の誤読だ」

ローパー「この国は姦通大国なのだ。アメリカは呪われているのだ」

FOXアンカー「あなた、アメリカ人ですか。アメリカが呪われているなら、なんでアメリカにいるのですか。いっそあなたの教会ごと、他の国に引っ越したらどうか」

罵り合いと怒号のなか、両者の発言がほとんど聴き取れなくなり、広報のローパーが感情的に、アンカーを「この、あばずれ」「地獄に堕ちるぞ」と汚い言葉で罵倒したところまでで、FOXのアンカーは「どうも有り難うございました。あなたにアメリカにいることを誇ってもらう必要はありません」と主観むき出しのコメントで一方的に中継を終了。スタジオに強引に引き取った。

保守派のなかでは、「愛国心」が触媒となって同性愛者への穏健な擁護が広まり、同性愛バッシングにこだわり続ける宗教保守を疎外する、という新しい構図もうまれている。

「運動」は「票」になる

こうした教会はまぎれもなく「原理主義」である。しかし、福音派全般がここまで過激な主張をしているわけではない。キリスト教の教派のなかにはさまざまなグループがあるが、それらのグループを、教派を問わずに横断してたばねたのが宗教右派とされるものだ。宗教右派は特定の教派のことではない。一九七〇年代までは、宗教右派的な敬虔な福音派は南部でも民主党員が多かった。それ以後は共和党支持の傾向が強い。

宗教が党に入り込んでくるのはやむをえない。そもそも、アメリカの政党は「党員」に簡単になれる。逆にいえば、党員意識は希薄である。有権者名簿に登録するさいに、共和党、民主党、無所属などの政党を選ぶ。そうすれば党費を納めたりせずとも党員になれる。メンバーシップ組織ではなく、党員になるハードルの高さがない。選挙サイクルごとに「党員」が流動的なのだから、これを日本の党員と等しく考えると誤解を招きかねない。

「アメリカは党員だらけで驚かされる」という感想をもらすひともいる。ある程度親しくなるとパーティなどで「わたし、民主党員なんです」といわれることがあるからだろう。こうした感想は、政治的にとても熱心でないかぎり政党の党員になることがない、日本の党員のイメージをあてはめたものだろう。「デモクラットです」「リパブリカンです」は状況によっては訳出が難しい。厳密には、民主党登録者、共和党登録者ということだが、個別の選挙で民主党や共和党に入れることがあっても、あえて「インディペンデント（無党派）」と答える人もいる。選挙登録やここ最近の投票行動のことだけでなく、全体としての支持表明のニュアンスもふくまれているから、文脈によっては「民主党支持」「共和党支持」程度にしておいたほうが、日本人にはわかりやすいことがある。

ほとんどの州では、予備選挙によって党の公認候補を決める。党幹部があれこれ指図することができない。党員として登録した有権者の「運動」を党の中央が制止することは難しい。局地的に思いもよらぬ候補者を勝たせてしまうこともある。こうしたアメリカ特有の制度は、宗教組織や利益団体などからの影響に、政党を無防備にさせている。信仰運動や銃規制反対などのシングルイシューの運動は、政党内部に信者やメンバーの「有権者登録」を通していとも簡単に忍び寄る。

草の根の運動は、政党が一方的に焚き付けることで広がるものではない。むしろ運動が政党に入り込んできた。一九六〇年代の公民権運動とヴェトナム反戦運動、そしてそれらに感化されて広まった女性運動、消費者運動などは民主党に入り込んできた。一九八〇年代、一九九〇年代に広がった福音派を中心にした宗教右派は共和党に入りこんだ。こうした「運動の政治」が政党の地方支部に忍び込んでくることを、政治家側も助長させた。票として魅力があれば、どんどんローカルの運動にアウトリーチして「票」として取り込んだからだ。

メガチャーチを「カルトのドーム」とみなし偏見をむきだしにする「リベラル」だけで

なく、アメリカの「保守」のなかにもキリスト教原理主義者を嘲笑する風潮がある。選挙の「票」として利用したいので、共和党支持としての連合を組みたいが、進化論を信じないなど時代錯誤もはなはだしい狂信者たちとはプライベートでは距離をおきたい。経済保守にはそう心の中で宗教右派を軽蔑する人もいる。しかし、彼ら自身が別の原理主義にとらわれていることはないか。こう自問自答することは、リベラル、保守ともにまれである。

選挙年に票を求めて「宗教右派」に擦り寄る候補者。天に叫んで熱烈な信仰心をアピールする「即席信者」の候補者をあしらう壇上の宗教指導者（Pat Bagley, 2007）

シングルイシューの「原理主義」

アメリカでシングルイシューにのめり込むときに、はたしてどこまで原理主義とは無縁でいられるだろうか。「原理主義」のラベルは、テロリストのイメージに短絡的に結び付けられがちなイスラム原理主義と、千年王国を心待ちに進化論を否定するキリスト教原理主義とに貼り付けられることになっている。ほかにラベルを貼る先はないのだろうか。じつは、「保守」「リベラル」の双方にまたがって遍在する原理主義的な芽のなかに、アメリカの民主主義を動かしてきた原動力の一部もある。フェミニズム、アニマルライツ、銃所持、人種隔離、市場経済などさまざまなアジェンダのうしろに原理主義的な性格がひそんでいるのだ。

アメリカでは、なにかひとつのことを信仰することにかけては、特別な重きがおかれやすい。「信じないこと」を信仰することも、「信仰」の定義を組み替えることにも、強い「意志」がある。つねに原理主義的な影と背中合わせにある。この「信仰」が保守とリベラル双方への帰属心を強めていることも、事実だろう。

しかし、個別の利益を追い求める権利運動は袋小路にはいっているようにもみえる。それは、ベッティ・フリーダンが一九六六年につくった全米女性解放機構（ＮＯＷ）を中心に展開してきた、フェミニズム運動にもいえる。

二〇〇八年、一期目のクリントン政権で報道官をつとめた、ディ・ディ・マイヤーズという女性が「クリントンは目に見える形で女性が必要だった」と自伝で告白した。フェミニストたちのあいだには困惑する者もいた。マイヤーズはアメリカでは、女性初のホワイトハウス報道官として、女性にとって輝かしい足跡だったからだ。

架空の民主党大統領、ジョサイア・バートレットにつかえる補佐官たちに焦点をあてたドラマシリーズ『ザ・ウエスト・ウィング（ザ・ホワイトハウス）』で、女性報道官として活躍するC・J・クレッグはマイヤーズがモデルだ。それだけアメリカのキャリア女性の一里塚的な存在だった。ドラマでC・Jは首席補佐官まで出世するが、マイヤーズは実際には一期目でホワイトハウスを去った。しかも「自分の報道官就任は女性枠だった」と回顧したために女性活動家には当惑がうまれた。

たしかに、マイヤーズは肩書きこそ報道官（Press Secretary）だったが、定例の記者会見はコミュニケーション・ディレクターのジョージ・ステファノポロスが行うという、異例のスタイルだった。マイヤーズは自分がお飾りに終わりかねないことを次第に感じてゆく。一九九三年のイラクへの巡航ミサイル攻撃では、ホワイトハウスとペンタゴンの情報のやりとりのプロセスから蚊帳の外におかれた。クリントン大統領は、パウエル統合参謀本部議長と、デービッド・ガーゲン大統領顧問、ステファノポロスらのコミュニケーション担当の側近と調整を進めたが、マイヤーズが知らされたのは発射一時間まえだった。それも大統領から直接ではなく、共和党から超党派で政権に参加していたガーゲンからであった。

マイヤーズは大統領選挙からクリントン陣営にかかわってきた生粋の民主党員だ。共和党のガーゲンよりも低くおかれたマイヤーズは、記者団のあいだでもたびたび恥をかかされる。記者はマイヤーズよりもずっと正確な情報を早くつかんでいたからだ。マイヤーズは、政権の目に見えるポストに女性をあてがう「割当」的な方法では、女性の地位向上問題は本当の意味では永久に解決されないという考えにたどりつく。

リノ司法長官、シャレイラ厚生長官、オルブライト国務長官など、たしかにクリントン政権は、メディア受けする華のある女性閣僚が多かった。たとえ、きっかけに「割当」の意図があったとしても、結果として女性の有能さをアピールするチャンスになるのだからいいではないかという考えもある。現にこうしたクリントン政権の女性閣僚はきわめて優秀だった。マイヤーズは「だからこそ、次こそ最高権力者である女性の大統領を」と力説する。さすがに、大統領には「お飾り」はないからだ。

しかし、女性運動に理解のあったクリントン政権ですら、「枠」としての発想からは抜けきれなかったと知った女性運動家たちは、この四〇年以上の努力はなんだったのかと意気消沈した。特定のグループの利益だけを求める運動が、曲がり角にきていることはまちがいない。

「見えざる公共性」の力

労働組合、女性団体、人権団体、宗教団体。利益団体の「運動の政治」はどこに行くのだろうか。アメリカに希望をみるとすれば、原理主義性を緩和する、カウンターの作用を引き出すことではないか。もっともいい例が、公共利益団体だろう。環境問題、消費者問題などの公共利益団体の運動は、運動しているグループだけに利益をもたらすわけではない。きれいな空気、安全な水や食料が実現すれば、恩恵をうけるのは社会全体だ。

二〇〇六年に公開されたアル・ゴアの地球温暖化へのとりくみを扱った映画『不都合な真実』は、データの客観性をめぐる賛否両論を生みながらも、「公共精神」のブレークスルーになった。裾野がひろがりつつある環境問題への関心をバックに、身の回りのことからできる穏健な環境運動に「リベラル」が再結集しつつある。国内問題にはめっぽう弱いアメリカは、ハリケーン・カトリーナの被害をきっかけに、これまでかたくなに地球温暖化を否定しつづけた共和党議員ですら、温暖化を認めるようになった。また、宗教団体でも、コミュニティの再生や貧困対策を重視する活動をおこなっている組織は、公共利益の追求と無縁でない。「保守」のキリスト教徒が、人工妊娠中絶や同性愛の狭い問題から、「公共」に目をみひらくことがあるかもしれない。

メンバー以外に利益をもたらす公共活動に身を捧げるには、ただ乗りの「フリーライダー」を大目に見ないといけない。目先の損得勘定をこえた、並外れた情熱がもとめられる。しかし、損得勘定抜きで、環境保護や消費者運動を組織的な政治運動としてさきがけてきたのもアメリカだ。市場経済原理のアメリカのなかにある、こうした「見えざる公共性」の力は過小評価してはならないだろう。

原理主義的なエネルギーが、公共性の方向にシフトしたとき、なにかを深く信じて突き進む「運動するアメリカ」は、ほかの国々にはない大きな力を発揮できる。この国の原理主義的なエネルギーはつねに諸刃の剣である。

第5章　メディア
——大衆化の舞台装置

前線のアメリカ兵。背後から忍び寄る「もう一つの敵」はアメリカのメディア。メディアの「リベラル偏向」をめぐる保守派の不満を風刺（Cox & Forkum, 2005）

「二極化」演出のための党派本

アメリカでは、書籍も「保守」と「リベラル」にわかれて対立勇ましい。バーンズ＆ノーブルやボーダーズなどの大型書店には、「時事問題（Current Affairs）」という書棚がある。「時事問題」とは控えめな表現であり、よくよく見てみるとほとんどすべて政治、それも現代の党派対立をめぐる政治本であることがわかる。

未会計本を持ち込んでかまわないカフェが併設されているにもかかわらず、アメリカ人は本棚のまえに「立てこもる」のが好きである。なかには、コーヒーを入れた水筒を持参して一日中、絨毯張りの床にあぐらをかいて本を読んでいるひともいる。こうした光景はニューヨークなどの大都市圏によくみられる。「時事問題」書棚の前を迷惑にも占有する彼らは、ポリティカル・ジャンキーと呼ばれる政治マニアである。

アメリカでは政治関連の書籍にある暗黙のルールがある。それは「学術書でないかぎり、政治を扱う本は、すべて保守かリベラルどちらかの党派性にまみれている」という前提だ。「党派本」といっても、政党がプロパガンダのために発行している本というわけではない。保守がリベラルを、リベラルが保守を「仮想敵」とした二項対立のアウトラインで、〝党派政治のミニチュア〟を、読書を通じて体験できる本という意味である。アメリカ人でも、政治批評家にかなり詳しくないと、その本が「保守本」なのか「リベラル本」なのか著者名を見ただけではわからない。一冊だけ読んで真に受けると、アメリカが急に保守化、あるいは左傾化したという印象につながりかねない。

あたりまえではあるが「党派本」の結論や目的はきわめて単純である。途中をいくら読み飛ばしても、金太郎あめのように結論は同じだ。「保守本」はレーガンのすばらしい功績にすべてを結びつけようとする。「リベラル本」はレーガンの偶像性を解体するために、これでもかと揚げ足とりを並べたてる。

しかし、こうした約束事があるがゆえに、党派本を読む人はきわめてかぎられている。もともと党派志向が強く本も好きで、「仮想敵」の欠点を知ることで自分が信じる側の党派の正しさを再確認したいという層である。

アメリカで「アカデミック」と「土着」をつなぐ役割を結果として果たしているのは、こうしたポリティカル・ジャンキー向けの「党派本」をさらに浅く薄めた、一般向けのメディア環境である。政治マニアではないひとたちが、どうして政治的につながっているのか。政治装置としてのメディアの存在が、そこには常にみえかくれする。

保守主義運動の舞台装置

二〇〇八年二月にウィリアム・F・バックリー二世という人物が亡くなった。二〇世紀後半の保守主義運動を主導したことで有名であるが大学知識人ではない。雑誌を立ち上げ、テレビの討論番組にみずから司会者として出演し、メディアを舞台に保守主義を一般に届ける役割を引き受けた人物だった。

一九二五年、オイルビジネスで富を得た大家族に生まれたバックリーは、イェール大学在学中に、はやくも政治とジャーナリズムの才覚を発揮するようになる。政治クラブの「ポリティカル・ユニオン」に属していた一方で、「イェール・デイリー・ニューズ」の編集長でもあった。バックリーを保守知識人のなかで特別な存在にしていたのは、第一に、幼少時からの膨大な読書に支えられたジャーナリズムと編集の能力だった。難解なビッグワードやレトリックも駆使できる、歩くボキャブラリーとしての希有なメディア人だった。これが彼を保守理論家というより保守言論運動の触媒人として成功させた根底にある。

特徴の二つめは、ヨーロッパとメキシコでの海外経験による複眼的な目線だった。アイルランド系カトリックの父を持ちながら、ヨーロッパで幼少期教育を受けたバックリーは、アメリカ国内のワスプ階級のみならず、主流のリベラル知識人も超越する独立した精神性を育んだ。

ニューディール全盛の一九四〇年代から一九五〇年代にかけ、保守的なイェール大学といえどもリベラリズムと世俗主義の影響から逃れられなかった。大学知識人への反発は、バックリーの卒業生会合での幻のスピーチ原稿をもとにした処女出版『ゴッド・アンド・マン・アト・イエール』に結実した。過激な大学批判を理由に、スピーチを妨害されたバックリーは、予定していた原稿をもっと濃くしたかたちで本として出版してしまう。ここでバックリーが学究の道を志すなどして大学に残り、言論界に踏み出していなかったら、アメリカの保守主義運動と一九八〇年代のレーガン革命はおおきな損失をこうむっていただろう。

ニューディール・リベラリズム全盛のなか、思想として傍流の地位に追い込まれていた保守主義を統合する流れをつくったのは、バックリーが一九五五年に創刊した雑誌『ナショナル・レビュー』だった。この雑誌は反共主義、経済の自由放任をうたうリバタリアニズム、保守的な伝統主義など、保守各派が融合するフォーラムになった。古典的自由主義、個人の自立という共通の価値のもと、保守運動の舞台装置がつくられたのだ。極右団体のジョン・バーチ協会を運動から排除するなど、バックリー的な「保守」の範囲の定義もなされた。個別の保守主義の理論を煮詰めていく上では中途半端なやり方だったが、リベラリズムに対抗する保守団結の意味ではきわめて画期的だった。

ウィリアム・F・バックリーJr. (E. Newton, *Crusaders, Scoundrels, Journalists,* 1999)

当時、『ニュー・リパブリック』『ネイション』などリベラル系の政治言論誌に匹敵する規模で支持を受ける保守系雑誌は存在していなかった。バックリー自身、保守系『アメリカン・マーキュリー』誌に一時期所属していたものの、この雑誌の反ユダヤ主義的な傾向を拒絶して離れている。アメリカ社会でリベラルに対抗する総合力をもつには、保守言論は極右的な隘路に入らずに、堂々と表舞台で主張できるものとしなければならなかった。

保守統合としての『ナショナル・レビュー』を可能とさせたのは、バックリーの編集者としてのたぐいまれな能力と、アンチ大学知識人の徹底だった。デマゴギー的な政治思想と片付けられがちだった保守主義は、大学とは距離感があった。バックリーにとってこれは望むところで、むしろ反アカデミック・リベラリズムを「保守」の旗印にした。まだハリウッドの俳優だったロナルド・レーガンに惚れ込み、支援に熱心だったことにもバックリーの知識人に媚びない姿勢が象徴されている。バックリーはコラムを「一本二〇分で書き上げられる」と吹聴した。学術的な論文の執筆にはあまり興味を示さず、オピニオン型のコンパクトなコラムを量産した。追い求めたのは、運動としての影響力だった。

テレビ人としてのバックリー

一九九九年までPBSで放送されたバックリーの『ファイアリング・ライン』という番組があった。のちの保守―リベラル対決型討論番組の基礎となった番組だ。いまでも、アメリカのメディア関係者には、バックリーのことを保守思想家というより、司会に長《た》けたハンサムなテレビ人で、たまたま保守的だった人、というような認識でみている人が少なくない。

エリック・ニュートンが編纂した、三〇〇人のアメリカ史上のメディア人を厳選する『改革者、悪党たち、ジャーナリストたち』という人物録がある。バックリーも選ばれている。リベラル陣営では、女性運動を引っ張ったグロリア・スタイナムが、「改革者」の章に載っている。バックリーが載っているのは「政治人間」の章だ。

同章に並ぶ同時代の「同僚」は、NPRのコーキー・ロバート、CBSのダン・ラザー、ABCのサム・ドナルドソンとテッド・コッペル、CNNのラリー・キングなど。つまり、バックリーは保守的な知識層の間では、保守運動の指導者だったが、一般アメリカ人にとっては、「メディアの人」であり、少し気取った「テレビの司会者」だった。今でもこの観念は消えていない。

ちなみに、この人物録は同じカテゴリーに、保守言論家のパトリック・ブキャナンも入れている。ニクソンのスピーチライターだった。このブキャナンという男をめぐる一般のアメリカ人の印象も、「CNNの『クロスファイアー』で、リベラル系のマイク・キンズリーと怒鳴り合っていた右寄りの人」というもので、何度大統領選挙に出ても「テレビの人」という印象が抜けない。それを承知で、バックリーもブキャナンも画面を使った「保守」の売り込みに専心した。

『ナショナル・レビュー』は公称部数こそ多かったものの、創刊から五年経っても、アメリカの雑誌購買方法で基本となる定期購読契約は約三万二〇〇〇部と伸び悩み、赤字経営だった。それが一九八〇年代を通して一九九〇年までに一八万部に急増したのは、一九六六年に放送が始まった『ファイアリング・ライン』効果だった。

アメリカでも政治言論雑誌は、きわめて規模の小さいマーケットである。第一章でみたモーが指摘するように、「カントリー音楽しか聴かない」労働者保守はこうした言論雑誌を一切読まない。しかし、反知識人を旨としていたバックリーは、当時はまだ軽薄な媒体だという印象があったテレビを利用して、一般のアメリカ人に保守思想を伝えていく挑戦に、まったく抵抗感がなかった。『ファイアリング・ライン』の司会者は、なにやら雑誌も出しているらしいので読んでみようという連鎖の輪を広げた。

なかには、『ライフ』誌の写真をながめ、『リーダーズ・ダイジェスト』という主婦向けにスーパーなどのレジで売られている「物語要約本」程度しかいままで読んだことがないという、かぎりなく「労働者保守」に近い、政治言論誌「初体験」の層が購読することもあった。この保守政治言論マーケットの裾野の拡大は、バックリーにしか成し遂げられなかった最高のレーガン政権支援であり、『ファイアリング・ライン』と『ナショナル・レビュー』は絶妙な相互補完関係にあった。

これらが保守運動に果たしたバックリーの貢献だが、アメリカのメディア、とくにテレビで当たり前のようになっている「保守」と「リベラル」の対立軸の土俵を定着させたのも、じつはバックリーだった。バックリーは片や雑誌では保守系論者でかためた言論を展開し、テレビでは「リベラル」の論者を招いて対話主義で議論を進めるという「二重の手法」を使い分けた。

「司会者兼保守論客」としてのバックリー

少年期にロンドンで教育を受けたバックリーには、アメリカ人らしくないイギリス訛りがある。このイギリス訛りが、当時論壇を支配していたリベラル知識人にたいして、心理的にある種の威圧を与える道具となっていたことを、アメリカの放送関係者は指摘する。バックリーの声や身のこなしがテレビを通じて、聴こえて、見えたことが、保守主義の知的ブランドの確立に側面的に貢献した。「保守」にも知的に洗練された、難解な議論を展開する人物がいるではないか。そうしたリベラル知識人の権威のイメージ解体に、テレビという新しいメディアは効果的だった。活字での論壇運動だけでは、決してなしえなかった点だ。

リベラル系知識層のヨーロッパ、とくにフランスへの複雑なコンプレックスを、バックリーはイギリス訛りを使いながら、たくみに弄んでいる。ヴェトナム反戦運動が華やかなりし頃、この右左対決型の舞台設定がきわだった。マサチューセッツ工科大学教授で、生成変形文法を生み出した言語学者でありながら、世間には左派言論人として認識されているノーム・チョムスキーも、バックリーの番組で一般のアメリカ人に浸透した。このほか数多くのリベラル派の論客がバックリーの番組で顔が売れている。

保守主義を広く浸透させるには、保守思想を福音派のテレビ伝道師のように視聴者に向けて懇々と語ることが果たしてベストだろうか。バックリーはむしろ、保守の「敵」であるリベラルを「舞台」に引きずり出し、視聴者の前で「リベラルの役割」を強いられた人物を論破して見せたほうが、テレビを観ているような層にはわかりやすい保守勧誘になると考えた。これはエンターテインメントとしても視聴者にとても受けた。リベラル派の視聴者まで、「きょうはどんな理屈でバックリーは攻めてくるのだろう」と興奮してテレビの前で議論を観戦した。

リベラル側の相手が手強い知識人であるほどバックリーは張り切った。バックリーは相手の主張をいったん丁寧に聴きながらも、反撃の手がかりになる矛盾点を探すことにつねに夢中だった。根っからの討論好きで、自説は曲げなかった。彼は保守運動として番組をやっているのであり、視聴者に問題を理解してもらうためにやっていたわけではない。ここが、バランスを旨とした報道番組と決定的に違うところだった。

バックリーは「リベラル」側に立ってものを考えることなどしないし、中立的な司会者でもない。司会者と保守論客を兼ねた役目だった。討論なのに司会者がなぜ片方に偏っているのかと批判することは、バックリーのテレビを利用した保守運動の〝壮大なたくらみ〟への不理解以外のなにものでもなかった。ヴェトナム戦争にたいする主張も次のように単純明快だった。

「究極的にアメリカの安全保障をめざすための営みなのなら、ヴェトナム戦争は正当化されるべきだ。その究極の目的のためなら反撃する必要がある。しかし、もし目的がそうでないならば、撤退すべきである」

バックリーは反共主義でもあり、赤狩りのマッカーシー上院議員を擁護している。また、南部の人種隔離主義にも同調し、ことあるごとに黒人蔑視ともとれる発言をしているが、のちに一部発言を修正した。イラク戦争をめぐっては、ノーマン・ポドレッツら「ネオコン」と激しく対峙した言論遍歴までもっている。バックリーはW・ブッシュ政権のイラク戦争の方向性にはきわめて懐疑的だった。

晩年の言論を評価してか、かつての弱小『ナショナル・レビュー』に部数で迫られたリベラル系『ネイション』の編集者が、バックリーの死亡を受けて、次のようなことばを『ニューズウィーク』に寄せている。「(バックリーの)運動の成長は、雑誌を大きくしただけでなく、基礎となる有権者層や原動力の中心を開拓した」。バックリーの保守言論運動が、シンクタンクから保守系利益団体までつながる、現在の保守の一大ネットワークをうみだしたことを、急進リベラル系の雑誌が認めたのだ。

「保守」と「リベラル」に結束させる装置として

『ファイアリング・ライン』のような番組によって、「労働者」の保守とリベラルは、抽象的な議論に接近することができた。アメリカの討論番組は、本を読まないような層にも政治議論を提供する素材として浸透した。そもそも、保守系を中心に、書籍で保守理論を深めていくような層は、テレビはあまり観ない層だった。

テレビに対するアメリカの保守的な家庭の態度は分裂気味だ。かたや宗教保守の「テレビチャーチ」のようなものがある。キリスト教保守派の伝道師パット・ロバートソンは、『七〇〇クラブ』という番組を一九六〇年代からクリスチャン・ブロードキャスティング・ネットワーク（CBN）という自前の局で制作している。

一方で、少し前までテレビを一切観ないという家庭も少なくなかった。友人に元フィナンシャル・タイムズ記者のアメリカ人作家がいる。コネチカット州コーンウォールの保守的な風土で育ちダートマス大学に進んだ。ピューリタン的な敬虔な伝統を保持するニューイングランドの実家では、テレビは「悪魔の箱」と呼ばれ、幼い頃からほとんど観せてもらえなかったという。一九七〇年代から一九八〇年代にかけての話である。彼女がのちに訪れた中国や台湾で、アメリカで一九八〇年代に放送された黒いスポーツカーが活躍するドラマ『ナイトライダー』がブームを起こしていた。『ナイトライダー』を観たこともなかった彼女は、「ナイトライダーが好きです」という現地の人の発言の意味がわからなかった。「あのナイトライダーを知らないって、お前本当にアメリカ人なのか」と疑われたという笑い話である。

もちろんこれは、音楽チャンネルMTVの恩恵を受けてきた歌手のマドンナが、「テレビは毒だから娘には観せない」と発言して物議をかもしたこととは次元が違う。テレビ文化にネガティブな保守的な家庭がまだ少なくなかった一九六〇年代のアメリカで、テレビという「悪魔の箱」を通じて保守主義のメッセージを広めていくことが、テレビの福音伝道とはべつの意味で挑戦的だったことを物語っている。

バックリー流の番組は、視聴している保守とリベラル内部の「土着」層に、「アカデミック」層との距離を縮める手がかりを与えた。また、「保守」と「リベラル」の対立軸の大衆化を行うそれぞれの「陣営」に、結束感をもたらした。二つしか大きな政党のないアメリカで、こうした人為的ともいえる「二極化の演出装置」は重要な意味をもっている。

テレビでは、インタビュアーのラリー・キングが、今夜もイエスかノーかで回答を迫る。カーター大統領のスピーチライターを経てテレビ司会者に転身したクリス・マシューは、「あなたはリベラルだ」「それは保守だ」で色分けして議論を進める。こうしてイシューのあいだにあった曖昧な領域は、二つにきれいに塗り分けられていく。「二項対立」の演出は、あまりに多様なアメリカが、擬似的にせよなにかを共有する一つの舞台装置となっている。それは、「保守」や「リベラル」のメディアのなかでの運動にとどまらず、中立が基本の報道の世界にも入り込んでいった。

政治と報道をめぐるシニシズム

アメリカでは、一九九〇年代以降、政治と報道をめぐる権威の「神話」解体と、シニシズムという虚無的な感覚が並行して蔓延した。

一つは、メディア・リテラシーの副作用だった。アメリカでは一九八〇年代からメディア情報をよみとく力を養うメディア・リテラシー教育が浸透していた。この教育の意義は広く認められているところだ。アメリカのメディアには、しくみを明かすことに特別の抵抗がなかった。

アメリカでは原稿をスタジオのテレビカメラの反射鏡の前に写し出すテレプロンプターというシステムが一九五〇年代に開発された。一九八二年には、テキスト入力した原稿がカメラの前でスクロールするコンピュータ連動システムが導入される。ニュースだけでなく、トークショーのイントロや締めのコメント部分などにも応用された。こんにち、アカデミー賞などの受賞コメント、クイズや料理などの番組、いずれも出演者がカメラの正面を向いて語りかけている部分は、アメリカでは基本的にニュースに限らず、すべてコンピュータ連動型のテキスト既入力のプロンプターを使用している。

しかし、このことは特段の秘密ではない。ニューヨークのNBCでは、すでに一九九〇年代から『デイトライン』のスタジオで、観覧客にプロンプターのメカニカルな説明を公開していた。また、二〇〇八年に首都ワシントンで再オープンした報道博物館「ニュージアム」では、一九九七年の開館当初から、ニュース制作体験が組み込まれていた。遠足で訪れた小学生もこうしたしくみを学ぶ。

しかし、あけすけな情報公開は、メディアの権威の神話を解体する「副作用」ももたらした。ABCは『ワールド・ニューズ・ナウ』という実験的深夜ニュースで、スタジオで本番中にアンカー同士が私的な会話にわざと興じたり、飲食しながらニュースを読んだり、お菓子を持ってくるスタッフが一緒に映り込んだり、様々な「アバンギャルド」な開き直りを行った。MSNBC（元CBS）のミカ・ブレジンスキーなどは「次の項目読むから、プロンプター上にスクロールして。アップ、アップ。その位置。それでは次のニュースです」と、視聴者がすでにしくみを知っていることを前提に、雑談明けにカメラを見据えたままスタッフに呼びかける自虐的な演出も試みた。雑談だけは原稿なしのアドリブだという逆説的なアピールである。ニュースだけを淡々と伝えるべき報道が、システムに込められた「神秘性」としての権威を失ったときのある種の末期的症状として、開き直りの過剰演出が続出している。

そして第二に、コメディが政治を扱うようになったことだ。一九六三年に始まったジョニー・カーソンの『トゥナイト・ショー』と、そのあとを引き継ぐジェイ・レノやディビッド・レターマンらは政治家を皮肉るジョークを好む。決定的な転機は、ビル・マーの『ポリティカリー・インコレクト』とジョン・スチュアートの『デイリー・ショー』だった。マーはリバタリアンとしての政治思想を隠さず、ネオコン批判をくりかえした。一方、スチュアートは偽のニュース番組の演出で、政治家や時事問題を茶化していく手法をとった。こうしたコメディアンの「政治進出」をめぐっては様々な調査がある。総じていえるのは、テレビしか観ない層を、政治にいったん引きつける力は見逃せないが、若年層を中心に政治にも報道にもなにも期待しない〝シニシズム〟を生んでいることだ。

ネットワークの凋落

こうした流れとあいまって進行したのが、ネットワークの凋落だった。一九九〇年代から二〇〇〇年代にかけて、三大ネットワーク（ABC、NBC、CBS）によるニュース市場の独占体制が崩壊した。CNNは湾岸戦争報道で成功したが、ネットワークにとって緊急の脅威ではなかった。戦争や災害が起きなければ、ニュース専門チャンネルは時事問題に関心のある人しか観ない。広く一般大衆を相手にしたネットワークのモーニングショーのような軽快さは、CNNにはなかった。天気予報と楽しいおしゃべりだけ観て出勤できれば朝はそれでいい、という大半のアメリカ人は、NBCの『トゥデー』を手放さなかった。

ところが、安泰の日々は長く続かなかった。第二、第三のCNNの誕生である。CNNはすでに定時ニュース中心の「CNNヘッドラインニュース」の放送も始めていたが、それ以外に他社がケーブルニュース市場に続々と参入した。

変革の年は一九九六年だった。七月にマイクロソフト社とNBCが共同でニュース専門放送MSNBCをスタート。また一〇月には、ルパート・マードックのFOXがおなじくニュース専門のFOXニュースチャンネルの放送を開始し、衝撃を与えた。

もちろん、船出は多難だった。MSNBCは、NBCロゴの「レインボー孔雀」を使用したため、経済専門放送のCNBCの二番煎じと認識されがちだった。マイクロソフトとの提携放送であることもあまり広まらなかった。また、FOXニュースも地上波での娯楽路線のイメージが抜けず、ニュースの信頼性が確立できなかった。

しかし、時代の変化がこの二局を後押しする。インターネットの浸透である。一九九〇年代の後半にあっというまに生活に欠かせないものとなったインターネットは、ニュースの消費者にこれまでと違った消費傾向をうえつけた。それは「知りたいときに消費者の都合でアクセスする」という能動性だった。

インターネットが広まっても、テレビ報道そのものが衰退するわけではなかった。インターネットにアップされる情報は放送より遅かったし、映像の権利をめぐる制約もあった。ブロードバンド化も進んでいなかった。そうしたなか、インターネットがテレビに与えた影響は、むしろ「インターネット的なテレビ消費のしかた」の拡大だった。インターネットに慣れ親しんだ世代がニュースを知るために選んだのは、二四時間いつでもニュースが観られるケーブルテレビだった。自分のリズムにあわせて、観たいときに観たいものだけを観るという視聴スタイルの確立である。

国民的「儀式」の消滅

かつてネットワークのイブニング・ニュースは国民的「儀式」だった。夕方になるとクロンカイトやブリンクリーといった国民の父的なアンカーが画面に登場し、アメリカ人が知っておくべき、きょうの出来事を教えてくれる。アメリカ人にとって今日はこんな日だ、という「パッケージ」の提供である。地球上の森羅万象のなかで、平均的アメリカ人にとって今日はこんな日だという、ネットワークによる三〇分間の「アメリカ」の定義といってもいい。この視聴スタイルを好む人はテレビの進歩とともに二〇世紀を歩んできた年配の世代に集中している。一九九〇年代、シカゴ南部のギリシャ料理屋に、一七時半になると店主が必ずチャンネルをＡＢＣに切り替える店があった。ピーター・ジェニングス

『ワールド・ニューズ・トゥナイト』を常連の老婦人たちと観るためだ。こうした和みの光景がケーブルテレビ全盛のなかアメリカでは消えつつある。

ネットワークのニュース戦争は一九八〇年代から一九九〇年代前半までがピークだった。二〇〇四年から二〇〇五年にかけ、ラザー、ジェニングス、ブローコウというスター的なアンカーが相次いで画面から姿を消したとき、イブニング・ニュースは一気に権威を失った。「国民の父」クロンカイトが育てた老舗『CBSイブニング・ニュース』は、もっとも落差が激しかった。引退したダン・ラザーの後に、生き残りをかけたCBSが〝サプライズ〟で投入したのが、NBCの朝番組『トゥデー』の司会で人気だったケイティ・コリックだった。勝手の違うニュースの世界に放り込まれたコリックは、朝番組の頃のような勢いを失い、あっというまに批判の的となった。

フェミニストからは、女性アンカーを信頼しない視聴者の女性差別のせいだと擁護する声があがった。しかし、イブニング・ニュースの女性レギュラー枠なら、〝ソロアンカー〟ではないもののコニー・チャンという中国系女性がすでに一九九〇年代に登場している。チャンは女性で、しかもマイノリティのアジア系だった。この批判は的外れだ。

一方、記者経験が浅い朝番組司会のコリックを抜擢したことがそもそも失敗だったとの評も出た。これはある程度は的を射ていた。アメリカのイブニング・ニュースのアンカーは「編集長」でもあり、ベテランの記者が担当することが不文律だったからだ。CBSは目先の生き残りに賭けて、アメリカの放送ジャーナリズムが数十年守ってきた不文律を突然破った。ニュースバリューはコリックが判断しなくとも放送に支障はないが、「特例扱い」されたことを本人が気にして〝自信のなさ〟が表情に出てしまえば失敗かもしれない。

しかし、より根本的な視聴率不振の原因は、ネットワーク全体の凋落で、CBSやコリック個人の責任ではない。「平均的なアメリカ」という「客観的」定義にたいする需要が、アメリカ人のあいだで低下しはじめたからだ。

「FOXニュース」の商業的成功

シニシズムの浸透とネットワークの凋落の先にあらわれたのはなんだったか。バックリーの保守運動のテレビ利用に連なる、テレビの政治言論への偏重だった。取材インフラの弱い後続のFOXは、ストレートニュースで勝負することをはなから諦めた。キャラクターの強い出演者による、保守言論のオピニオン番組で勝負する方針で開局した。それは、アメリカの主流メディアの「リベラル偏向」への不満でもあり、どうせ「客観性」が神話なら、テレビはとことん「保守」「リベラル」の言論を偏ってやってほしいという潜在的な声をすくいとるものだった。FOXは「保守」の役割を引き受けた。CBSのポーラ・ザーン、タブロイドショー『インサイド・エディション』で有名だったビル・オーレイリーなどが初期メンバーとして加わった。

もちろん、ネットワークからFOXニュースに転身することは、アメリカのジャーナリズム界では同業者の信頼を失うリスクとひきかえでもある。リベラルな批判精神を失って、「保守体制派」に転んだか、金に目がくらんだに違いないと、いずれにしても道を踏み外したかのように思われがちだ。FOXがメジャーになった現在もその傾向に変化はない。CBS『シックスティ・ミニッツ』の司会者で有名なマイク・ウォーレスの息子で、ABCで長く記者をつとめたクリス・ウォーレスや、CNNのビル・ハマーが、二〇〇〇年代にFOXニュースに移籍したことはちょっとした衝撃だった。

「戦争賛美」のFOXを観ながら「反戦一色」のニューヨーク・タイムズを読む、保守とリベラルの「同時消費」(Sandy Huffaker, 2003)

経営者ルパート・マードックにとってアンカーが「保守」である必要はなかった。FOXの出演者がすべて共和党支持で保守的なわけではない。マードックにとって「保守ブランド」は、報道マーケットの片隅にあったニッチでしかなかった。出演者やスタッフのプライベートな政治思想などどうでもよい。画面で局や番組が「保守」に見えればよかったのである。リベラル一色のアメリカの報道界にあって、有名アンカーがFOXニュースに移籍することだけでリベラル偏向に縛られた「信頼性」を業界内で落とす。マードックの「保守メディア」ビジネスにとって、これこそ願ってもない風評であり営業だった。

FOXの保守言論オピニオンはまたたくまに商業的成功を達成した。これまで「リベラル偏向」を嫌って、テレビ報道から距離をおいていたラッシュ・リンボー、ドン・アイマスら保守トークラジオのリスナーが一斉に流れてきたからだ。

MSNBCと「パンディット・ポリティクス」

一方、MSNBCが狙ったのは、パンディットと呼ばれる政治評論家をアンカーに起用する、バックリー型をモデルとした「保守」「リベラル」対立の演出を、ニュース番組に持ち込むことだった。ネットワークのニュースは、出演するアンカーと放送記者の権威にもとづく信頼性が前提となっていた。またその前提は少なくとも一九八〇年代までのアメリカ社会では絶大なものだった。MSNBCは、シニシズムとネットワークの凋落で蝕まれた権威を、政治言論で埋めようと考えたのだ。

そこで求められたのは、客観性にしばられるジャーナリストではなく、「保守」「リベラル」の旗印が明確な政治のインサイダーだった。インサイダーは政治コンサルタントのほか、ホワイトハウスや議会での経験をもつスピーチライターや報道官である。ABCがクリントン政権のステファノポロスをコメンテーターではなく、報道番組の司会者に抜擢することで一足先に手掛けていた手法だ。党派が明確な政治のインサイダーによる番組進行は中立性をあえて欠くことによる逆転の発想の新鮮さがあった。MSNBCは元政治スタッフがあたりまえの時代なら次は政治家だと、フロリダ州選出の元共和党下院議員ジョー・スカーボロの司会で『モーニング・ジョー』を二〇〇七年にスタートした。元議員アンカーの次は、元国務長官アンカー、元大統領アンカーだという声まであり、エスカレートの一途の様子だ。

局名を浸透させるための宣伝もエスカレートした。映画『ディープ・インパクト』（一九九八年）は、主人公の女性アンカーが、隕石の衝突を最後までスタジオで報道し続けるという筋書きである。映画では主人公の勤務先をあえて架空の放送局にせず、MSNBC全面協力のもとに実在のMSNBCワシントン支局のスタジオを再現した。見え透いた局の宣伝目的での娯楽映画への協力は、ネットワークでは行われてこなかった手法で、批判も集めた。しかし、効果は絶大だった。アメリカ人のあいだでMSNBCは今や、隕石衝突で東海岸が沈む瞬間まで中継を続けた「隕石報道で健闘した局」という別の顔をもつ。こんな報道機関としてはぎりぎりの「企画」も日常的になった。

雑誌による政治の大衆化

まえに述べたように、ウィリアム・F・バックリーの『ナショナル・レビュー』の成功は、類似の保守系言論誌を元気づけた。ネオコン系の『ウィークリー・スタンダード』、パトリック・ブキャナンの『アメリカン・コンサーヴァティヴ』、ルパート・マードック系の『ニューズ・マックス』などが次々と創刊された。これに対抗するかたちで、リベラル系も『アメリカン・プロスペクト』が一九九〇年に創刊。ネオコン系ジャーナルの『コメンタリー』を、二〇〇六年に生まれた『デモクラシー』が迎え撃っている。

このほかにも、保守系からリベラル系まで政治思想ごとに言論誌がそろう。独自メディアをもつことは、アメリカではエスニック集団とおなじく利益団体の運動にとっても必須要件だ。女性運動の『ミズ』誌、同性愛の『アドボキット』誌のほか、環境、外交など分野ごとに細分化が激しい。

しかし、こうした硬派の言論空間だけが、アメリカの雑誌メディアの政治との接点ではない。ポップカルチャーこそ「知」の大衆化にとって、もっともアメリカ的な実験場である。アメリカで興味深いのは、ファッションやコスメティック、都市の流行やグルメなどを扱う柔らかいトレンディな流行雑誌が「政治性」をまとっていることである。

一九一〇年代に創刊された『ヴァニティ・フェア』という雑誌がある。『ニューヨーカー』『エスクァイア』と似た系譜にあるこの雑誌は、アメリカン・エスタブリッシュメントのカルチャーをお洒落に扱うことで地位を得てきた。ヤッピー的消費文化の退廃性をスタイリッシュに表現する『ヴァニティ・フェア』は、有名モデルやハリウッド女優の活動の場としても知られる。一九九一年にデミ・ムーアが妊娠中のヌードを披露したのもこの雑誌である。政治記事は隠れた売り物であり、ウォーターゲート事件のディープスロートの正体を報じたのは『ヴァニティ・フェア』だった。

手元の号をみても、ヤッピー向けの広告が数頁ごとに載っている。ヒューゴ・ボス、ロレックス、アウディ、ドナ・キャラン。ターゲットは男女にまたがる。そして、けばけばしい広告の間に突然マイケル・ウルフらの政治コラムが挟まっている。ハリケーン・カトリーナの独自報道では、生々しい写真とともにきわめてブッシュ政権に厳しいレポートを掲載したことで知られるが、表紙だけみると富裕層向けのファッション誌にしかみえない。
男性成人誌の意外な「政治性」も忘れてはならない。ヒュー・ヘフナーの『プレイボーイ』は、女性のヌードを掲載しているのでポルノ雑誌として理解されがちだが、この雑誌に掲載される風刺漫画の評価はきわめて高い。政治風刺漫画家にとっての憧れのステージでもある。「プレイボーイ・インタビュー」のコーナーは、セレブリティや「文化人」の政治思想を皮肉も交えて描き出す。

こうしたヤッピー的消費文化、あるいはハリウッド的セレブリティ文化と政治の融合を徹底させた雑誌が一九九〇年代後半にアメリカで人気を集めた。ジョン・F・ケネディ・ジュニアが創刊した『ジョージ』である。ジョージ・ワシントンからその名をとったこの雑誌のキャッチフレーズは「政治らしくない政治」だった。セレブリティ文化を素直に礼賛するファッション誌的な体裁で、どこまで政治の権威性を解体できるかをめぐる挑戦でもあった。

『ジョージ』誌の「就任号」
(*George,* Sep. 1995)

創刊号の表紙を飾ったのは、スーパーモデルのシンディ・クロフォード。一七世紀風のウィグを被る男装で、ジョージ・ワシントンをイメージした写真だった。ハリウッド俳優などセレブリティを全裸にして星条旗を巻き付けさせたりもした。女性に偉人の男装を、娼婦風化粧と乱れたスタイルで彩らせる。不埒《ふらち》でときに不敬ですらあるイメージの連続は、旧来の政治言論誌と流行雑誌をつなぐ「政治的挑戦」でもあり、編集部の狙い通りに物議を醸した。

ケネディ・ジュニアの一九九九年の不慮の死ののち、二〇〇一年にわずか六年の短い雑誌生命を閉じた。しかし、『ジョージ』がアメリカの雑誌業界と政界に残したインパクトは大きい。ニューヨーク州選出のアルフォンセ・ダマト共和党上院議員の辛辣でユーモアあるコラムニストとしての才を引き出したほか、ノーマン・メイラー、ナオミ・ウルフなどの寄稿も目玉だった。また、アン・コールター、アル・フランケンなどを実験台に、保守派、リベラル派のキャラクターを過剰に誇張した〝新しい論客スタイル〟を製造した。

共和党員の女性のことを揶揄する「ブロンド・リパブリカン」という、リベラル派が作り上げた通俗表現がある。白人でロングヘアで金髪。タイトのミニスカートにハイヒールというフェミニンな容姿は、男性の求める女性像への「屈服」であると、民主党のフェミニストには映る。もちろんこれは悪質なステレオタイプでもある。すべての女性共和党員が、このような姿をしているわけでは当然ない。

しかし極右を標榜する金髪白人女性のコールターが、この「ブロンド・リパブリカン」の役目をピエロ的に引き受けたところに「誇張」の政治言論の面白さが生まれた。少なくとも『ジョージ』的なアメリカの新しい政治メディア文化はそう考えたのである。一方、フランケンは『ラッシュ・リンボーは巨大な肥満の馬鹿』というタイトルのベストセラーで有名な左派コメディアンである。書名とは思えないおよそ上品さとも思慮深さともかけ離れた、攻撃的党派性むきだしの罵詈雑言によるフランケン流の皮肉は「誇張の政治」であることを前提として好意的に受け入れられた。政治言論の「誇張芸」ともいえる。

「原理主義」を包み込むトークショー

アメリカでは誰もが知るセレブリティなのに、日本ではまったくといっていいほど知られていない国内限定の「有名人」たちがいる。「デイタイム・トークショー」という、アメリカのテレビ特有の番組の司会者を務める人たちである。日本には、アメリカの映画、ドラマ、ニュースは入ってくるが、「デイタイム・トークショー」はなかなか流れない。あつかうテーマがアメリカ特有の文化問題であることや、吹き替えにしにくい言語的やりとりの応酬が面白さの基本で、国内消費型のジャンルだからだ。

「デイタイム・トークショー」というのは、フィル・ドナヒューという司会者が一九六〇年代に始めた観客参加型インタビュー番組である。エイズ、麻薬中毒、幼児虐待、性革命などアメリカの現実を極端に象徴する一般のゲストを招いて、本音で論じあうというスタイルは、バックリー的な政治討論番組とは違った意味で「政治色」が強く、独自のジャンルとして確立した。その日のゲストについて、階段席の観客が、マイクを向けられペラペラと自説を語る。アメリカ人が直面する等身大の政治問題を扱い、若者向けから主婦向けまで、類似番組が乱立している。

このジャンルの功罪の「罪」を指摘するとすれば、センセーショナリズム以外のなにものでもない。近年もっとも過激なトークショーの先駆けとなったのが、『ジェリー・スプリンガー』という元シンシナティ市長の司会による番組で、「母親が異母兄弟と性的関係にある」とか「父が親友と同棲している」とか、低次元のプライバシーを暴露して、当事者をスタジオで口論させるというものである。この番組の成功によって、スプリンガー型の類似番組が乱立し、非行少年少女の親への八つ当たりをスタジオで再演させるなど、人間の一番醜悪な部分を見て楽しむ俗悪さが横行した。

ブリタニー・マーフィ主演映画『カレの嘘と彼女のヒミツ（リトル・ブラック・ブック）』（二〇〇四年）は、現代アメリカを象徴するこの「デイタイム・トークショー」を軸に組み立てられている。主人公はニュージャージー州のトークショー番組の見習いスタッフ。ラブコメの体裁をとりながらも、アメリカの素人出演の口論型「トークショー」を痛烈に風刺した社会派作品だ。

この手の番組は、スタッフもスタジオも独立してその番組だけを制作する、いわばサーカス一団のような形態で運営されている。出来上がった番組をネットワークに販売しているのでスタッフは放送局員ではない。そのため極限まで過激なことができる。他人のプライバシーを切り売りする番組はどこまでプライバシーを売り物にしつくせるか、本当にリアルな人間の生き様を見せるとはどういうことなのか。映画では、ホリー・ハンター演じる先輩ディレクターがその問いを発し続ける。

トークショーの「功」の面があるとすれば、アメリカ社会の固定観念を壊してしまう「脱構築」のパワーだった。トークショーにタブーはない。ネオナチやウエストボロ・バプティスト教会のようなキリスト教原理主義、またアニマルライツ活動家も出演する。ここで視聴者はアメリカのもっとも過激な「原理主義」的な姿にふれることになる。そして自分をみつめなおすのだ。当然、黒人や同性愛者への蔑視発言や、肉食をしてはいけないというような意見が飛び出し、観客席がやいのやいのと応戦する。

オプラ・ウィンフリーという黒人女性司会者がアメリカのテレビ史上もっとも成功した人物となったのは、「過激なアメリカ」を引き出した上で、アメリカの裏にひそむ憎悪や偏見を、ひとりの人間として受けとめるカウンセラーのような役割を引きうけたからだった。それはウィンフリーが貧困家庭出身の黒人でしかも女性というマイノリティの象徴を体現していたことと関係している。一九八〇年代にアッパーミドル階級の黒人家庭を描いたシチュエーション・コメディ『コスビー・ショー』があった。『コスビー』は洗練された知的な黒人を白人の視聴者にみせることに成功し、黒人の固定イメージを打破した。『オプラ・ウィンフリー・ショー』は別の方法で黒人イメージを根底から変えた。

オプラ・ウィンフリー (E. Newton, *Crusaders, Scoundrels, Journalists,* 1999)

ウィンフリーは、元ネオナチの白人であろうと、やり場のない日常からほとばしる憎悪をうけとめる。少なくともそう演じる。そのとき、いつのまにかアメリカの黒人と白人の立場が逆転している。広い心で聞き役となるのは、大きな目をくりくりさせてマイクを向けて頷く黒人女性のウィンフリーなのだ。「保守」と「リベラル」双方のエネルギーになっている「原理主義」的な価値観を、「疑似的な公共の場」にさらし、中和しようとするこうした衝動も、アメリカのテレビの興味深い特徴だ。それは「保守」と「リベラル」だけに二分する動力にあらがう、カウンターの力でもあり、中立なジャーナリズムでは果たせない役割ともいえる。

ジャーナリズムと党派言論をつなぐブログ

一九九〇年代から二〇〇〇年代にかけて、アメリカのメディアで吹き荒れた風潮をひとことでいえば、主流メディアにたいする「リベラル・バイアス」という揶揄だった。もちろん、全国紙やネットワークなどの主流メディアは、一連の保守論壇の動きにも、コメディや「政治らしくない政治」雑誌が繰り出す「誇張芸」やシニシズムにも動ぜず、変わらぬ王道の紙面や番組作りをめざしている。かつての威光はないものの、CBS『シックスティ・ミニッツ』などの「ニューズ・マガジン」と呼ばれるインタビュー・ドキュメンタリーもまだ健在だ。

しかし、リベラルなジャーナリズム内部にも、「リベラル・バイアス」などといわれるくらいなら堂々とリベラル論陣を展開したほうがいい、という方向性も現れつつある。バランスの煙幕を駆使した報道から「メッセージの主張」への分岐である。この「言論分岐」の流れはサイバースペースから生まれた。

アイオワ州在住のジョン・ディースは、ウィスコンシン州でコミュニケーションの学位を取ったのち、ジャーナリズムを志していた人物だが、現在アイオワ州の町役場に勤務している。「ジャーナリストにならなかったのは、オピニオン性の強い党派的《運動》がやりたかったからだ」という。

役場勤務のかたわら、ローカルの民主党のプリシンクト（数百名の選挙民を束ねる最小の選挙区単位）のキャプテンを務め、大統領選挙の党員集会の歴史についてはアメリカでも指折りの実践的知識がある。「アメリカではジャーナリズムは〝客観的であるべき〟という前提があり、政治的な活動家と政治ジャーナリズムを職業として両立する道がなかった。どちらかを選ばねばならなかった」と回顧する。

結局、ディースは、一九九二年のクリントンの選挙に参加して政治活動の道を選んだ。その後はアイオワに引っ越し役場の職員をしている。その一介の役場の職員のディースが世間の注目を浴びるようになったのは、趣味で二〇〇三年にブログを始めてからだ。アイオワ在住の中年のポリティカル・ジャンキーによる党員集会の実践知識は、首都ワシントンのシンクタンク研究員や主流メディアの政治記者の知識をいともかんたんに凌駕した。それもそのはずで、ことローカルな選挙や政党のこととなれば、一番詳しいのは地元の活動家たちだからだ。

これまで、こうした地方政治の内部にいる人間には、発信する「場」がなかったため、かれらの政治についての詳しい知識や考察がおもてに出てこなかった。そのため、政治ジャーナリズムや論壇がマーケットを独占し、その水準がアメリカで一番最先端の政治知識ということになっていた。ところが、アイオワ内外でディースの個性的な政治ブログが注目を浴びるようになり、ジャーナリズムの道を選ばなかったはずのディースに、政治評論で活躍するチャンスがめぐってきた。政治パンディットやコラムニストが、ディースのブログを参考にするようになったからだ。ディースは「現在ではブログ執筆が生活の中心で、役場の仕事がパートタイムだ」と語る。二〇〇六年から自分の属する民主党の評論だけでなく、共和党側のテーマも扱うようになり、いよいよ政治ブロガーとして本格化してきた。

ブログはアメリカ中にこれまで潜在的に存在したディースのような活動家に言論の場を与えるようになった。党派性の強いローカルの活動家が、ブロガーとして「ジャーナリズム」の性質を変えようとしている。これはいままで政治言論マーケットを独占してきたワシントンやニューヨークの党派オピニオン誌の政治コラムニストにとっては職業的脅威でもある。なかには情報の信頼性を問題視し、ブログを否定する反発もうまれている。たしかにブロガーの責任は軽い。事実関係を鵜呑みするかどうかは読者の自己判断である。

しかし、プロの政治コラムニスト以上の知識を「部分的に」もつ政治ブロガーの参入は、「保守」であろうと「リベラル」であろうと、一般読者にはまちがいなく「知」のチャンネルの選択肢の多様化だった。アメリカの政治言論は、こうしたサイバースペースに登場した「街場の専門家」によっても変質をせまられている。

終章　自由主義
——アメリカ精神の奥底

アメリカ独立戦争でデラウェア川をわたるジョージ・ワシントン。独立革命の成功後、封建制の伝統はアメリカには定着しなかった。自由と平等の価値観と広大な土地を背景に、アメリカ人の多くは自営農民や経営者を自ら志向した(Emanuel Leutze, 1851)

封建制不在の自由主義

ルイス・ハーツというハーヴァード大学の政治学者が、一九五五年に出版した代表作に『アメリカ自由主義の伝統』がある。そこでハーツが示した議論の核心は、ヨーロッパのような封建制度がアメリカの歴史になかったという認識にある。アメリカは絶対主義体制のイギリスの植民地として産声をあげた。まったく絶対主義の影響がなかったわけではない。しかし、独立革命ののち、その影響はほとんど根付かなかった。封建主義を革命で打ち破る必要がことさらないことは、社会主義と強力な左派がアメリカに生まれなかった原因になったとハーツは考える。自由主義しか存在しないアメリカでは、社会主義や全体主義のようなイデオロギーとの対立を国内にもっていないからだ。

アメリカに階級闘争がまったくなかったわけではない。二〇世紀のアメリカの左翼的な運動をふりかえれば、非党派的で周辺的な運動のほか、一九三〇年代のアメリカの共産党にみられたユダヤ系や黒人のエスニック集団の地位向上の動き、またヴェトナム反戦に立ち上がった学生や大学知識人がいる。ケンタッキー州ハーラン郡の炭坑町ブルックサイドの労働闘争も忘れてはならない。外界から遮断された環境で、過酷な労働条件に苦しむ炭坑では、一九三〇年代から労働闘争が巻き起こっていた。一九七三年からの激しい闘争は、ドキュメンタリー映画『ハーラン・カウンティUSA』（一九七六年）にもなった。バーバラ・コップル監督が一年以上にわたって、ハーラン郡で闘争に密着した映像である。賃金要求、スト破り、労働組合の内輪もめ。闘争の実態は生々しい。運動の推進者は銃による暴力の犠牲にもなる。

しかし、こうした「運動」は、個人や集団が社会階級を昇り、闘争のインセンティブを失うなかで、一世代もたてば消滅していく。また、アメリカ特有の人種や移民の多様性は、利益観念をエスニック単位に分裂させた。そのため「労働者」という単一の階級意識は薄く、存在しても他のアイデンティティのサブカテゴリーでしかないことが多い。総じてアメリカには、ハーツのいうように社会内部のイデオロギー対立にあたいするようなものはない。アメリカでいうイデオロギー対立とは結局、自由主義のなかの左派「リベラル」と右派「保守」の対立軸のことだ。

ヒューイ・ロングやジョージ・ウォーレスを熱烈に支持するような農民や労働者のポピュリズムもおよそイデオロギーと呼べるようなものではなく、そのエネルギーが社会主義に向くこともない。労働者はときに第三政党運動に集うが、大きくは民主党にとどまるか、共和党に流れていった。社会主義政党も労働者政党も育たない。ロングについて、ハーツはアメリカ版の「ファシスト」となぞらえて次のように述べている。

アメリカの「ファシスト」は心からの「アメリカニスト」であった。すなわち、「富を分配すること」やプロテスタンティズムやカトリシズムについてどれほど意見が分かれようと、彼らはすべて「デモクラット」であった。ロングが、ファシズムがアメリカに来る時には、それがファシズムであることを否定しつつやって来るであろうと述べた時、言うまでもなく、彼はアメリカ的気質について正しい洞察をもっていたのである。(『アメリカ自由主義の伝統』)

「アメリカン・エッグ」の政治学

自由主義一色のアメリカにおいては、富裕層の保守的な自由主義者と、農民や労働者の民主的な自由主義者との対立が基本だった。経済的な階級対立や北部と南部の地域対立などは存在する。しかし、アメリカは万人が明日の資本家になれる、あるいは社会的な上昇ができるという前提のプチブルジョア社会である。労働者も精神的にはプチブルジョアであり、そこに社会主義が生まれることはない。これがアメリカのヨーロッパとの大きな違いの一つだった。移民マイノリティの子であろうと、次の世代には「サッカー・ママ」、いや「マーサ・スチュアート・ママ」になれる。セキュリティ意識に感化されたヒスパニック系は、ゲーティド・コミュニティに入居するだけの経済力をつけられるかもしれない。

「アメリカは社会の諸相に資本主義が貫徹されており、その点においてきわめてきわだっている。ブルジョアジーの自由は、階級社会のヨーロッパから逃れてきた移民が築きあげたものだった」

こう述べるシカゴ大学のブルース・カミングスは、ハーツの議論を下敷きに、一九九〇年に「アメリカ政治の範囲枠」というチャートを発表した（二二五頁）。

資本主義システムによる《市場の軸》の縦軸と《国家の軸》の横軸がある。おおよそのアメリカ政治はすべてこのなかに包み込まれるというチャートだ。ハーツのいうイデオロギー対立や階級対立の不在が、アメリカに「漸進主義」的な政治をもたらしていることを、この図は政治の枠を楕円形に描くことで表現した。楕円形のなかで、微妙に重なり合いながら存在しているのが、共和党と民主党の支持層である。たまご型なので、カミングスはこれを「アメリカン・エッグ」と名付けた。

「楕円形」の外にある一番極端な四つの「境界」には、アナキズムとヒッピー、共産主義とアメリカ共産党、ファシズムとクー・クラックス・クラン、リバタリアニズムとジョン・バーチ協会などが浮かび上がる。

注目すべきことは、左右、上下ともに重なり合う領域をもってつながっていることである。たとえば、左下のリバタリアニズムは《市場の軸》で最下部までふりきれ、完全市場主義の「経済保守」として共和党内で地位を確立している。しかし、社会問題となると、麻薬、売春、ときには人工妊娠中絶まで「個人の判断」にゆだねるべきと考え、合法化も支持する。これは《国家の軸》でおなじく左側にふりきれている左上のアナキズムに近い立場であり、共和党内で社会秩序や宗教的道徳を重視する集団よりも、民主党のもっともリベラルな層とむしろ合致する。このように相互に重なる領域をもちながら、「円」として存在する状況がアメリカ政治の「楕円形」として表現されている。

さらにいえば、この縦軸と横軸こそ、「楕円形」のなかにアメリカ政治をつつみこむ〝マクロの接着剤〟である。また、これまでみてきたような、都市の移民マイノリティにみられるエスニックなアイデンティティ、「南部」などに代表的にみられる強烈なアメリカの地域性、「人民」の熱情としてのポピュリズム精神、なんらかの強い「信仰」、メディア環境。こういったものは「アメリカン・エッグ」のなかの二項対立の陣地にアメリカ人をとりむすぶ、〝ミクロの接着剤〟かもしれない。

封建制がアメリカにほとんど不在だったことは、アメリカのスムーズな民主化に貢献した。しかし、封建制との格闘を経ずして、民主化を容易に実現したアメリカは、封建制や

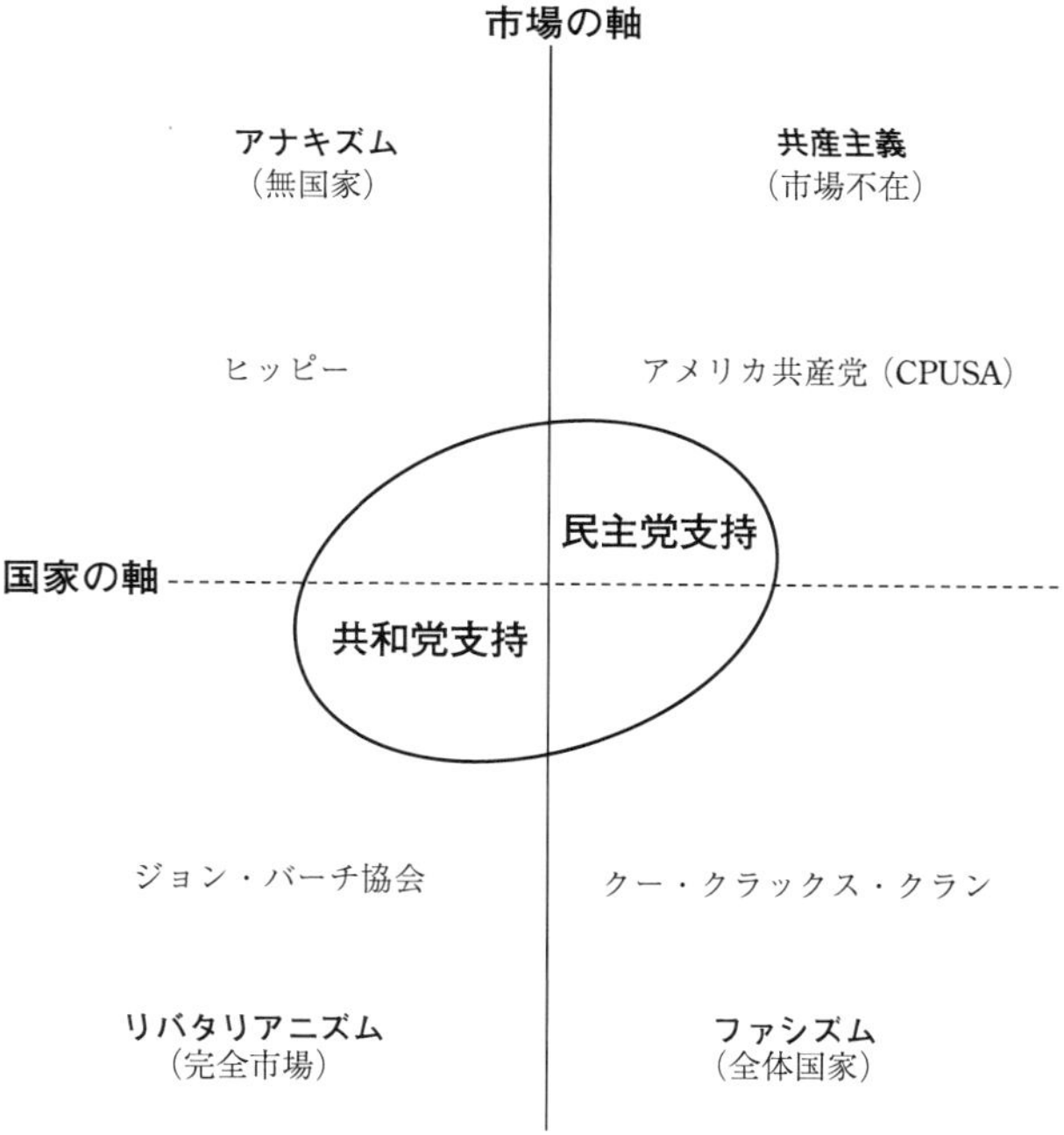

アメリカ政治の範囲枠(アメリカン・エッグ)

出典:Bruce Cumings, *The Origins of the Korean War, Volume II*: *The Roaring of the Cataract, 1947-1950,* Princeton: Princeton University Press, 1990. p.16

絶対主義的な社会を民主化することがどれだけ大変かを、理解する想像力に欠けているともいえる。ハーツがいうように、アメリカが「ボルシェビキ革命」と対峙する役割をひきうけるのはきわめて皮肉な展開でもあった。なぜなら、アメリカにとって、この世に共産主義者になりたがる人たちがいる、ということが理解しがたかったからだ。二〇世紀の歴史を通じて、対外的にはアメリカ的自由主義を広めるという衝動が起きたし、国内的には赤狩りのマッカーシズムも吹き荒れた。

現代のリベラリズムとはなにか

さて、本書を通して後回しにして避けてきた問題がある。現代のアメリカの「リベラル」とはなにかという問いだ。個人の自由と権利に最優先の価値をおく自由主義、古典的リベラリズムのなかから、現代の「リベラル」の芽が出たのは、フランクリン・D・ローズヴェルトのニューディール改革からだった。連邦政府が財政支出を行い、企業の独占的な経済活動に介入する。労働者の経済利益を保障する改革的なニューディール・リベラリズムから、現在の「リベラル」につながるものがうまれた。

一九六〇年代のジョンソン政権の「偉大な社会」の貧困撲滅にそれは結実する。こうした「大きな政府」が支配的だった時期、危機感をいだいたバックリーが『ナショナル・レビュー』を創刊し、保守の融合をよびかけた。それだけニューディール・リベラリズムの勢いはすさまじかった。ライオネル・トリリングは、保守主義を「思想として表現しようとしているが、行為だけか、もしくは思想のようにみせようという過敏な知的ジェスチャー」にすぎないと切り捨てた。背後には、アメリカに保守の知的伝統がないままでは、「カウンター」をもたないリベラリズムは貧弱になるとの危惧もあった。

一九六四年の選挙で、共和党のバリー・ゴールドウォーターは反ニューディールを旗印に、ジョンソンに真っ向から対決を挑んだ。しかし惨敗に終わる。敗北は共和党に大きなトラウマを残した。

そうしたなか、一九六〇年代には公民権運動、ヴェトナム反戦運動が、マイノリティ擁護やカウンターカルチャーの流れをうみだした。一九三〇年代から一九五〇年代にかけての経済をめぐるニューディール・リベラリズムと、一九六〇年代以降の社会と文化をめぐる権利擁護のリベラリズムが合流して、現在の「保守」に対峙する意味での「リベラリズム」に結びついた。

しかし、民主党と共和党の勢力をめぐる地図の〝上下逆転〟でみたように、この多元的なリベラリズムの完成は、南部民主党からの脱退議員をうみ、民主党支持の南部選挙民もどっと共和党に流れるきっかけをつくった。一九六六年には、テキサス州のジョン・タワー、サウスカロライナ州のストロム・サーモンドのふたりの民主党上院議員が共和党から再選にのぞんだ。また、南北戦争以来はじめてフロリダに共和党の知事が誕生。カリフォルニアでは、元俳優のロナルド・レーガンが、リベラルなパット・ブラウンを破って知事になった。このような動きは、「南部」から「サンベルト」というカリフォルニアにかけての地域に「異変」を巻き起こした。原因は、黒人をめぐる利益配分の問題であり、白人労働者層の公民権運動に土台をおいた文化リベラリズムからの離反だった。

内側にかかえた「他人」と「見えないアメリカ」

〝南部の共和党化〟の結果として、「リベラル」は文化的なリベラル派の勢力を強めてしまった。現在、文化的なリベラル派の民主党内の割合は、ある調査では四割程度だと出ている。白人で女性が多く、高学歴で、信仰心が薄く、未婚率が高く、東部や西部の都市生活を好み、高収入だ。人工妊娠中絶の権利を認める「プロ・チョイス」(「プロ」は「賛成」の意)で、同性愛の権利に寛容で、ハンターの割合が少なく銃を持っていない。ひとことでいえば、「保守化」実験に挑戦したジョン・モーそのままのような民主党員だ。

モーはウォルマートが「労働者保守」のための店だと定義して、星条旗がおなかに描かれたTシャツやカーレースの野球帽を買いもとめた。たしかに、二〇〇七年のピューリサーチセンターの調査では、高学歴高収入の「アカデミック・リベラル」の民主党支持層のほとんどが、「ウォルマートは好きではない」と回答している。しかし、ブルーカラー勤労層の民主党員、つまり「労働者リベラル」の三分の二は、「ウォルマートが好きだ」と回答している。

つまりこういうことである。モーが「実験」で試みたように、またアメリカの選挙キャンペーンの現場が試みているように、たしかにアメリカには消費文化によるおおまかな類型が確実に存在する。「スターバックス」を好む人、「クアーズビール」を好む人。たしかにいる。しかし、それは「保守」と「リベラル」の谷間にあるラインにもよるが、一方で学歴や所得や地域の「差異」のラインによるものでもあり、意外な〝分断〟は自分の党のなか、つまり民主党のなかにもあったのである。モーはこれを完全に見落としていた。

共和党を想像しても同じだ。モーは「保守化」レクチャーを受けた「ネオコン」のウィリアム・クリストルのような人を農村で見つけられない。保守のなかには、カントリー音楽を聴かない高学歴シンクタンク研究員の「保守」と、『ファイアリング・ライン』くらいは観たことがあるが、『ナショナル・レビュー』は読んだことがないというカントリー音楽を聴く「クアーズビール」的な「保守」の人々がいる。もちろん、「クアーズビール」的な人々は敬虔なキリスト教徒であることが少なくないため、宗教的道義性からは「ネオコン」の潜在的支持層ともなりうる。しかし、そのほか多くの点では違いを抱えたまま、ともに共和党の屋根の下に身を寄せている。

ハーツがいうように、アメリカには自由主義以外に有力なイデオロギーがない。プチブルジョア意識の労働者は社会主義になびかず、共和党か民主党しか選ばなかった。メディアの「二極化演出」に頼らずとも、福音派キリスト教徒の貧しい労働者は、富裕層向け減税を行う共和党を応援する。労働者政党の立ちあげには興味をもたない。しかし、だからこそ共和党と民主党のなかに集う人々の分衆化は激しいともいえる。自由主義一色のアメリカはおもいのほか中身は「多様」である。

郊外に転居するだけで誰もが「保守化」して、共和党支持になるわけではない。経済階級の階段をのぼっても、プランテーションの奴隷クオーターの結束以来の歴史を語り継ぐアメリカの黒人が、そう容易に公民権運動に不寛容な保守的な政治家を支持することは考えられない。同質性が高い黒人は、富裕層でもゲーティド・コミュニティへの入居を躊躇しがちだ。

一方、移民マイノリティでも、敬虔なカトリック教徒のヒスパニック系にとって、キリスト教や信仰を大切にする共和党は魅力的だと考える人もいる。二〇〇〇年代のW・ブッシュ大統領のヒスパニック系への対策は本格的だった。

ニューヨーク市立大学教授のエリック・オルターマンは、現代のリベラリズムはなかにさまざまな分断を抱えていると指摘する。労働者と高学歴プロフェッショナルの亀裂、人工妊娠中絶や同性愛結婚の賛否をめぐる信仰心の強さの亀裂、戦争をめぐる亀裂。一方、保守主義も複合的なものとして成立している。「小さな政府」をもとめる経済保守、道徳争点を大切にする宗教保守、強い軍事力を重視する保守。「アカデミック」「労働者」という分断。地域差も根強い。おなじ保守でも南部の保守と中西部の保守では、人種観念もまったく違う。

アメリカにみる〝希望〟があるとすれば、このあふれんばかりの多様性ではないか。アメリカはたしかに「自由主義の唯我論」に陥りがちかもしれない。しかし、封建制を打ち破る革命の必要性がなかったアメリカにも、打ち破らねばならない諸問題はあった。奴隷制と人種をめぐる問題、ジェンダー差別、移民エスニック集団の共存、戦争をめぐる是非。つまり、イデオロギー対立はなかったものの、公民権運動、女性・同性愛解放運動、エスニシティの多様性をみとめる多文化主義などをめぐって、国内的な衝突のなかで「内なる多様性」と向きあってきた。

ハーツが特段に重要視しなかった、こうした「内部の多様性」との葛藤は、自由主義しかないアメリカを意外と柔らかさに富んだものにしている。市場経済原理のなかで単色に染まりがちで、パスポートも持っていない人がたくさんいるはずのアメリカが、地球環境や移民との共存などをめぐっても、戦争をめぐっても、なかなかしぶとい振り子のようなフレキシブルさをもちあわせているのは、出会ったことのない〝外の世界の縮図〟を内側にかかえているからだろう。〝縮図〟はしょせん〝縮図〟にすぎない。しかし、アメリカのとくに都市の〝縮図〟のスケールは、実物の濃さをも上回ることがある。

アメリカをほかの国とくらべてきわだたせていることのひとつに、毎年世界中から大量の移民だけでなく、留学生を迎え入れていることがある。その人種と出身地域の構成は、ヨーロッパ、オセアニア、アジア、どの地域の教育機関よりも多様だ。外国人学生に「なぜアメリカを行き先として選んだのか」と訊けば、専門の研究についての理由をのぞけば、アメリカのなかに〝世界との接点〟があるから、と答える人が少なくない。

私の実感では、これは「物理的」な接点だけでなく、「時間的」「歴史的」な接点との出会いでもあるとおもう。アジア系社会、ホワイト・エスニック系移民、黒人社会とのつきあいのなかでエスニックな香りをかぐとき、その歴史の向こうがわに、たかが〝縮図〟にすぎないが、されどなかなかに深い〝縮図〟を感じることができる。

現在の共和党と民主党は、かぎりなく「保守政党」と「リベラル政党」に整理されつつある。共和党ならおおむね保守的で、民主党ならおおむねリベラルだ。だからこそ、その

「保守」と「リベラル」のなかにしまいこまれている「見えないアメリカ」との出会いは思いのほかスリリングである。

エピローグ

明治四一年（一九〇八年）に発表された、永井荷風の『あめりか物語』は、明治三六年から四年にわたる荷風のアメリカ滞在が土台となっている。『濹東綺譚』『断腸亭日乗』など、のちの荷風文学の代表作に先立つ初期の作品として知られるが、この『あめりか物語』には、日本文学としての価値を超えて意外な魅力が秘められている。それはアメリカをきわめて低い視線からみる独特の感性である。

荷風はどういうわけか「猥雑でエスニックなアメリカ」に終始強い関心を示し続けた。マンハッタンはブロードウェイ四二丁目周辺の歓楽街で娼婦として働く「夜の女」の描写には、エスニックなディテールが滲む。アイルランド系で「カソリック教の学校にいた」という女性、「伊太利亜《イタリヤ》の獅子里島《シシリーとう》」から移住して両親が「東側《イーストサイド》の伊太利亜街《イタリヤまち》」で露天の八百屋をしている娘。二〇世紀初頭のニューヨークの移民社会が、当時の非ワスプ移民のおかれていた社会的状況とからめて荷風の目線から浮き彫りにされる。また、出稼ぎ者と日系移民の狭間を浮遊する在米同胞をめぐる描写は、シアトルからニューヨークはコニーアイランドの遊技場にまで広がる。ワシントンの黒人を「市内到る処に徘徊する、醜い黒奴の夥《おびただ》しさ」とあまりに直截な表現で描くことも、荷風なりの時代の切り取り方であった。公民権運動よりも半世紀も前のことだ。

阿片と売春の巣窟だったチャイナタウンについて、「支那街の記」は生々しく語る。「米風の煉瓦造り」に住みながらも、出身文化をそのままアメリカに持ち込んで暮らすアジア人のたくましい姿が、ユダヤ人や黒人も交えて描かれている。フランスの思想家アレクシ・ド・トクヴィルの名著『アメリカのデモクラシー』にみられる比較政治の視点とはまた別の、二〇世紀初頭の移民をめぐる都市文化の深部に「寄り添う」希有なアメリカ観察であることは、改めてもっと評価されてもよいだろう。

荷風の描いた「個別のアメリカ」はこんにちでも健在である。移民のエスニック性は完全には消えず、人種、宗教の多様性は薄まらない。こうした「差異」を直視することは、アメリカの選挙「アウトリーチ」の現場では今でもあたりまえの前提となっており、流布するステレオタイプの類型の把握もふくめ、「差異」をなきものとして扱うことは任務放棄ですらあった。

アメリカの選挙が興味深いのは、民主党か共和党かを選ぶレースである前に、両党の候補者がそれぞれの党内基盤にどれだけ信任されるかのレースでもある点だ。実は「内側」

に向かってキャンペーンをしている。予備選はその典型例だが本選でもその努力は続く。かつて私の経験したニューヨークの選挙戦もまるで同じだった。アジア系の集票を担当したが、アジア系は最新移民中心に民主党支持が優勢だった。私は「なぜわざわざキャンペーンするのか」と問うた。上司は「民主党の支持基盤は多様なグループの連合体。候補者ヒラリーとゴアを信任してもらう、棄権しないで投票所に出かけてもらうためのキャンペーンが必要なのだ」と強調した。相手候補だった共和党ラジオ下院議員（当時）は郊外の共和党支持層を回り、ヒラリーはマンハッタンの民主党支持層に最後まで神経を使った。

党内の中道派が党内の右派や左派、反目するグループを説得して信任を得るのは、無党派層に一からアピールするよりも実ははるかに大変なことである。同性愛者は同性愛問題を優先項目にせよという。移民に寛大にしたら「移民に職を奪われる」と労働組合に怒られる。アジア系でも対立しがちなインド系とパキスタン系の両方に同時にアピールすると、「どっちの味方だ」とそれぞれから怒られたものだ。

「アメリカ」は私たちにとって「メディアを通して触れるもの」でもある。東京で地上波の深夜のチャンネルをザッピングしていて、すべてのチャンネルがアメリカの映画か海外ドラマの再放送という時間帯に「遭遇」したことがある。もし、たまたまテレビのスピーカーが故障した部屋に滞在した、初来日のアメリカ人が映像だけをみたら、思わずホテルの窓の外を確認したくなるであろう、そんな光景だった。アメリカを理解するうえでこうした現状をないがしろにもできない。

私が吹き替え翻訳を手伝った『キューティーブロンド2（リーガリー・ブロンド）』（二〇〇三年）という映画がある。議会政治と利益団体をめぐる問題がモチーフになっているコメディ映画で、ブロードウェイ・ミュージカルにもなっているヒット作だ。私はアメリカ政治の専門用語をわかりやすい日本語にどうすればできるかについて協力させていただいた。翻訳者の渡辺ひとみ氏は、「ラブコメ」映画といえども、少しでもアメリカ政治の現実のニュアンスを損ないたくないという意向をお持ちだった。その意向は素晴らしいもので、是非ご協力させていただこうとおもった。「見えないアメリカ」を知る窓は、つねに「見えるアメリカ」のなかに眠っているからだ。

どんな通俗作品も、いや通俗だからこそ特定の文化から完全に自由ではない。『アンジェラ一五歳の日々』、『コーキーとともに』など、日本でも放送され人気を得た家庭ドラマは、一九九〇年代初頭のピッツバーグ郊外の中産階級や、シカゴ近郊の労働者の子供たちの通う公立高校の世界と白人エスニックの現在を、きわめてリアルに再現することに成功した。

一方、「メディアのなかのアメリカ」は、アメリカ社会の激しい変容から将来的には置き去りにされる宿命も同時に背負っている。一九八七年に公開されたマイケル・J・フォックス主演の『摩天楼はバラ色に』で描かれるニューヨークは、MBA（経営学修士号）を取得したヤッピー予備軍には限りない夢を与えるビジネスの大舞台であるとともに、ヒッピー文化と移民文化が混ぜ合わさった、とんでもなく治安の悪いゴミのような街である。

カンザスの農場の父親は息子に、ニューヨークに行くと頬にピアスをするような人間になってしまうのだと脅す。電話中に銃撃戦に巻き込まれる主人公は、親の心配を気遣ってテレビの『マイアミバイス』の音だと嘘をつく。中西部の農家の常識とマンハッタンの常識の乖離をこれでもかと強調した。しかし現実には、ルドロフ・ジュリアーニ市長の一九九〇年代の市政により、ニューヨークの治安は大幅に回復し、一方で文化的には一九七〇年代のハーレムやロウアー・マンハッタンを知るものにとっては、かなり「保守化」した。今となっては、この作品は一九八〇年代のマンハッタンを誇張したモニュメントである。

個別のアメリカ人が「どういう背景や知識、文化に縛られた人なのか」を把握することは、「その人の語るアメリカ」を過度に一般化して鵜呑みにすることをふせぐ、最低限の予防線にもなる。グリーンスパン連邦準備制度理事会（FRB）前議長の夫人でもあるNBC放送のベテラン政治記者アンドレア・ミッチェルは「自分はニューヨーク出身のユダヤ系だった」ために、カーター大統領のプロテスタントの宗教的言語に親近感がなく、「（週末のカーター同行取材は）新約聖書の学習機会だった」と告白する。他社のカーター番仲間の記者との「メモ合わせ」で、なんとかその場をしのいでいたことを、時効の裏話として自著で明かした。

「ニューヨークという北部の都市部育ち」「ユダヤ系」という規定が、ミッチェルの「南部政治家」「新約聖書の引用」にたいする理解を限定的なものにしていた。東部フィラデルフィアのペンシルバニア大学卒の三大ネットワークの政治記者である彼女の目線は、常に「北部」「大都市圏」出身の、「ベビーブーマー世代」「ユダヤ系女性」の、「民主党支持層」に囲まれた環境の目線と、完全に無縁ではいられない。

ミッチェルは政治記者でありながら、あえて自分のアメリカ政治についての知識に、欠陥と限界があったことを堂々と告白したことで、その誠実さが認められたケースではある。私たち外国人がアメリカを知る上でも、「個別のアメリカ」を支配するコンテキストを「窓」にして、さらに「その先のアメリカ」を見ようとする《二段構えの目線》が常に必要だろう。そして、ここに外国人による外国観察や外国研究の意義もまたある。

「文化帝国主義」を批判するのはたやすい。日本のテレビの深夜の画面が、ときに横一列アメリカ一色になることも、現象だけをとらえればきわめて奇異である。しかし、だからこそ、アメリカをしっかり読み解いていく「力」を私たちは備えるべきなのかもしれない。情報の流入に垣根のない時代のアメリカとの「付き合い方」に求められているのは、アメリカにもほかのものにも飲み込まれずに、「消化」していく《二段構えの目線》による異文化をめぐる基礎体力のような気がしてならない。

at How We Live, Philadelphia: Running Press, 2008.
Stricherz, Mark, *Why the Democrats are Blue: Secular Liberalism and the Decline of the People's Party,* New York: Encounter, 2007.
Tocqueville, Alexis de, *Democracy in America,* translated by Henry Reeve, New York: Bantam Dell, 2000[1835].（アレクシ・ド・トクヴィル『アメリカのデモクラシー（第一巻）上・下』松本礼二訳、岩波文庫、2005年）
Trilling, Lionel, *The Liberal Imagination: Essays on Literature and Society,* New York: Viking, 1951.
Weigert, Kathleen Maas and Alexia K. Kelley eds., *Living the Catholic Social Tradition: Cases and Commentary,* Lanham, Maryland: Rowman & Littlefield, 2005.
White, Andrew Dickson, *The Warfare of Science,* London: Henry S. King & Co., 1876.（アンドリュー・ディクソン・ホワイト『科学と宗教との闘争』 森島恒雄訳、岩波新書、1968年）
Wood, Robert C., *Suburbia: Its People and Their Politics,* Boston: Houghton Mifflin, 1958.

阿川尚之『憲法で読むアメリカ史（上・下）』PHP研究所、2004年
五十嵐武士編『アメリカの多民族体制―「民族」の創出』東京大学出版会、2000年
奥出直人『トランスナショナル・アメリカ―「豊かさ」の文化史』岩波書店、1991年
久保文明・草野厚・大沢秀介編『現代アメリカ政治の変容』勁草書房、1999年
永井荷風著、稲垣達郎・竹盛天雄・中島国彦編『荷風全集 第4巻―あめりか物語 ・西遊日誌抄』岩波書店、1992年
ハロラン芙美子『アメリカ精神の源―「神のもとにあるこの国」』中公新書、1998年
古矢旬『アメリカニズム―「普遍国家」のナショナリズム』東京大学出版会、2002年
森孝一編『アメリカと宗教』日本国際問題研究所、1997年
渡辺靖『アフター・アメリカ―ボストニアンの軌跡と〈文化の政治学〉』慶應義塾大学出版会、2004年
渡辺将人『アメリカ政治の現場から』文春新書、2001年

ington, D.C.: Regnery Pub., 1995[1953].
Kurtz, Howard, *Hot Air: All Talk All the Time,* New York: Basic Books, 2007.
Low, Setha, *Behind the Gates: Life, Security and the Pursuit of Happiness in Fortress America,* New York: Routledge, 2003.
Lubell, Samuel, *The Future of American Politics,* New York: Harper & Row, 1952.
Mayer, Jeremy D., *Running on Race: Racial Politics in Presidential Campaigns 1960-2000,* New York: Random House, 2002.
Micklethwait, John and Adrian Wooldridge, *The Right Nation: Why America is Different,* London: Penguin, 2004.
Mitchell, Andrea, *Talking Back...To Presidents, Dictators, and Assorted Scoundrels,* New York: Viking, 2005.
Moe, John, *Conservatize Me: A Lifelong Lefty's Attempt to Love God, Guns, Reagan, and Toby Keith,* New York: HarperCollins, 2006.
Morgenthau, Hans J., *The Purpose of American Politics,* New York: Vintage Books, 1960.
Myers, Dee Dee, *Why Women Should Rule the World,* New York: HarperCollins, 2008.
Newton, Eric, *Crusaders, Scoundrels, Journalists: The Newseum's Most Intriguing Newspeople,* New York: Times Books, 1999.
Phillips, Kevin P., *The Emerging Republican Majority,* New York: Arlington House, 1969.
Rozell, Mark J. and Clyde Wilcox, *Interest Groups in American Campaigns: The New Face of Electioneering,* Washington, D.C.: CQ Press, 1999.
Schaller, Thomas F., *Whistling Past Dixie: How Democrats Can Win Without the South,* New York: Simon & Schuster, 2006.
Schechter, Danny, *The More You Watch the Less You Know: News Wars/(sub) Merged Hopes/Media Adventures,* New York: Seven Stories Press, 1999.
Segura, Gary M. and Shaun Bowler eds., *Diversity in Democracy: Minority Representation in the United States,* Charlottesville: University of Virginia, 2005.
Smolan, Rick and Jennifer Erwitt, *America at Home: A Close-Up Look*

Random House, 1965.
Feldman, Noah, *Divided By God: America's Church-State Problem-and What We Should Do about It,* New York: FSG, 2005.
Frank, Thomas, *What's The Matter with Kansas?: How Conservatives Won The Heart of America,* New York: Henry Holt, 2004.
Garreau, Joel, *Edge City: Life on the New Frontier,* New York: Doubleday, 1991.
Gimpel, James G. and Jason E. Schuknecht, *Patchwork Nation: Sectionalism and Political Change in American Politics,* University of Michigan Press, 2004.
Goodwyn, Lawrence, *Democratic Promise: The Populist Moment in America,* New York: Oxford University Press, 1976.
Gore, Laura Locoul, Norman Marmillion and Sand Marmillion, *Memories of the Old Plantation Home: A Creole Family Album,* Vacherie, Louisiana: The Zoe Company, 2001.
Hair, William Ivy, *The Kingfish and His Realm: The Life and Times of Huey P. Long,* Baton Rouge: Louisiana State University Press, 1991.
Hartz, Louis, *The Liberal Tradition in America: An Interpretation of American Political Thought Since the Revolution,* New York: Harcourt, Brace, 1955.（ルイス・ハーツ『アメリカ自由主義の伝統—独立革命以来のアメリカ政治思想の一解釈』有賀貞訳、講談社学術文庫、1994年）
Higham, John, *Send These to Me: Immigrants in Urban America,* Baltimore: Johns Hopkins University Press, 1984.（ジョン・ハイアム『自由の女神のもとへ—移民とエスニシティ』斎藤眞・阿部齊・古矢旬訳、平凡社、1994年）
Jelen, Ted G. and Clyde Wilcox, *Religion and Politics in Comparative Perspective: The One, The Few, and The Many,* Cambridge, U.K.: Cambridge University Press, 2002.
Kazin, Michael, *The Populist Persuasion: An American History,* New York: Basic, 1995.
Key, V.O., Jr., *Southern Politics in State and Nation,* New York: Random House, 1949.
Kirk, Russell, *The Conservative Mind: From Burke to Eliot,* Wash-

主要参考文献

Alterman, Eric, *Why We're Liberals: A Political Handbook for Post-Bush America,* New York: Viking, 2008.

Barone, Michael, *The New Americans: How the Melting Pot Can Work Again,* Washington D.C.: Regnery, 2001.

Bellah, Robert N., *Varieties of Civil Religion,* San Francisco: Harper & Row, 1980.

Blakely, Edward J. and Mary Gail Snyder, *Fortress America: Gated Communities in the United States,* Washington, D.C.: Brookings Institution Press, 1997.

Buckley, William F., Jr., *God and Man at Yale: The Superstitions of "Academic Freedom",* Chicago: Henry Regnery, 1951.

Carter, Dan T., *The Politics of Rage: George Wallace, the Origins of the New Conservatism, and the Transformation of American Politics,* New York: Simon & Schuster, 1995.

Cosgrove, Kenneth M., *Branded Conservatives: How the Brand Brought the Right from the Fringes to the Center of American Politics,* New York: Peter Lang Publishing, 2007.

Cumings, Bruce, *The Origins of the Korean War, Volume II: The Roaring of the Cataract, 1947-1950,* Princeton: Princeton University Press, 1990.

Cumings, Bruce, *War and Television,* London: Verso, 1992. (ブルース・カミングス『戦争とテレビ』渡辺将人訳、みすず書房、2004年)

Draper, John William, *History of the Conflict Between Religion and Science,* London: Gregg, 1970[1875]. (ジョン・ウィリアム・ドレイパー『宗教と科学の闘争史』平田寛訳、角川文庫、1954年)

Du Bois, W.E.B., *The Souls of Black Folk,* New York: Penguin, 1989. (W・E・B・デュボイス『黒人のたましい』木島始・鮫島重俊・黄寅秀訳、未来社、2006年)

Edsall, Thomas Byrne, *Building Red America: The New Conservative Coalition and the Drive for Permanent Power,* New York: Basic, 2006.

Faulkner, William, *Essays, Speeches & Public Letters,* New York:

N.D.C.253　246p　18cm
ISBN978-4-06-287949-1

講談社現代新書　1949

見《み》えないアメリカ——保守《ほしゅ》とリベラルのあいだ

二〇〇八年六月二〇日第一刷発行　二〇一二年一月七日第六刷発行

著　者　渡辺将人《わたなべまさひと》　

発行者　鈴木章一

発行所　株式会社講談社
東京都文京区音羽二丁目一二—二一　郵便番号一一二—八〇〇一

電　話　〇三—五三九五—三五二一　編集（現代新書）
〇三—五三九五—四四一五　販売
〇三—五三九五—三六一五　業務

装幀者　中島英樹

印刷所　豊国印刷株式会社

製本所　株式会社国宝社

定価はカバーに表示してあります　Printed in Japan

「講談社現代新書」の刊行にあたって

教養は万人が身をもって養い創造すべきものであって、一部の専門家の占有物として、ただ一方的に人々の手もとに配布され伝達されうるものではありません。

しかし、不幸にしてわが国の現状では、教養の重要な養いとなるべき書物は、ほとんど講壇からの天下りや単なる解説に終始し、知識技術を真剣に希求する青少年・学生・一般民衆の根本的な疑問や興味は、けっして十分に答えられ、解きほぐされ、手引きされることがありません。万人の内奥から発した真正の教養への芽ばえが、こうして放置され、むなしく滅びさる運命にゆだねられているのです。

このことは、中・高校だけで教育をおわる人々の成長をはばんでいるだけでなく、大学に進んだり、インテリと目されたりする人々の精神力の健康さえもむしばみ、わが国の文化の実質をまことに脆弱なものにしています。単なる博識以上の根強い思索力・判断力、および確かな技術にささえられた教養を必要とする日本の将来にとって、これは真剣に憂慮されなければならない事態であるといわなければなりません。

わたしたちの「講談社現代新書」は、この事態の克服を意図して計画されたものです。これによってわたしたちは、講壇からの天下りでもなく、単なる解説書でもない、もっぱら万人の魂に生ずる初発的かつ根本的な問題をとらえ、掘り起こし、手引きし、しかも最新の知識への展望を万人に確立させる書物を、新しく世の中に送り出したいと念願しています。

わたしたちは、創業以来民衆を対象とする啓蒙の仕事に専心してきた講談社にとって、これこそもっともふさわしい課題であり、伝統ある出版社としての義務でもあると考えているのです。

一九六四年四月　野間省一